2024

长三角城市发展报告

长三角中小城市活力研究·生态篇

主　编　褚　敏

副主编　逯　改　王桂林　梅　燃
　　　　高　昉　兰晓敏

上海交通大学出版社
SHANGHAI JIAO TONG UNIVERSITY PRESS

内容提要

　　本书为《长三角城市发展报告——长三角中小城市活力研究》丛书之生态篇。生态兴则文明兴,生态衰则文明衰。生态文明建设关系中华民族永续发展的根本大计,也是关系民生福祉的重大社会问题。党的二十大报告强调,以中国式现代化全面推进中华民族伟大复兴。人与自然和谐共生,是中国式现代化的重要特征和应有之义。作为现代化的重要载体,城市的活力彰显着文明的程度,决定着城市的兴衰成败,对中国式现代化和中华民族复兴至关重要。本书立足长三角中小城市实际,以城市发展面临的生态环境问题为突破口,以城市生态活力为研究视角和逻辑切入点,提出"状态—压力—响应—效益"生态系统链式闭环驱动机制,并从生态禀赋、生态压力、生态响应、生态效益四个维度构建了长三角中小城市生态活力指标体系,以客观全面评估长三角中小城市生态活力,并提出相应对策建议,为建设人与自然和谐共生的现代化、推动长三角一体化高质量发展和繁荣城市学学科建设提供有益探索和支持。

图书在版编目（CIP）数据

　　2024 长三角城市发展报告：长三角中小城市活力研究·生态篇 ／褚敏主编. -- 上海：上海交通大学出版社,2024. 10 -- ISBN 978-7-313-31670-7

　　Ⅰ. F299. 275

　　中国国家版本馆 CIP 数据核字第 2024BV6643 号

2024 长三角城市发展报告

长三角中小城市活力研究·生态篇

2024CHANGSANJIAO CHENGSHI FAZHAN BAOGAO

CHANGSANJIAO ZHONGXIAO CHENGSHI HUOLI YANJIU · SHENGTAIPIAN

主　　编：褚　敏

出版发行：上海交通大学出版社　　　　地　　址：上海市番禺路 951 号

邮政编码：200030　　　　　　　　　　电　　话：021 - 64071208

印　　制：上海景条印刷有限公司　　　　经　　销：全国新华书店

开　　本：710 mm×1000 mm　1/16　　印　　张：12.25

字　　数：217 千字

版　　次：2024 年 10 月第 1 版　　　　　印　　次：2024 年 10 月第 1 次印刷

书　　号：ISBN 978 - 7 - 313 - 31670 - 7

定　　价：78.00 元

序　言

生态兴则文明兴。生态文明建设事关中华民族的永续发展和人民群众的民生福祉。党的十八大以来，以习近平同志为核心的党中央把生态文明建设作为统筹推进"五位一体"总体布局和协调推进"四个全面"战略布局的重要内容，开展了一系列开创性工作。党的二十大报告强调，在以中国式现代化全面推进中华民族伟人复兴的新征程上，人与自然和谐共生，物质文明、精神文明、生态文明同步推进，是中国式现代化的重要特征和应有之义。作为现代化的重要载体，城市的活力彰显着文明的程度，决定着城市的兴衰成败，对中国式现代化和中华民族复兴至关重要。城市的生态活力则日益成为衡量城市高质量发展的关键指标。如何以城市更新助推新质生产力发展，以新质生产力赋能城市生态文明建设，充分挖掘城市生态潜力，全面激发城市发展活力，促进城市高质量可持续发展，是每个城市面临的时代命题。

中小城市作为长三角地区的重要组成部分，其生态活力的释放和发挥对于推动区域生态文明建设和中国式现代化具有举足轻重的影响。作为长三角一体化发展研究和实践的积极力量，上海城建职业学院城市发展研究中心致力于长三角城市发展研究，连续多年每年出版《长三角城市发展报告》蓝皮书。2020年以来，课题组把研究聚焦于长三角中小城市活力，构建了包含人才、文化、创新、生态和品牌五个维度的城市发展活力模型，每年针对一个维度进行专题研究、五年开展一次综合研究。今年，课题组根据我国经济社会发展的需求和国内外形势政策的变化，以长三角中小城市生态活力为专题开展研究，具有很强的针对性和现实意义。

本报告立足长三角中小城市的生态实际，以城市发展面临的生态环境问题为突破口，以城市生态活力为研究视角和逻辑切入点，提出"状态-压力-响应-效益"生态系统链式闭环驱动机制，并从生态禀赋、生态压力、生态响应、生态效益四个维度构建了长三角中小城市生态活力指标体系，以客观全面评估长三角中小城市生态活力，并提出相应对策建议，为建设人与自然和谐共生的现代化、推动长三角一体化高质量发展和繁荣城市学学科建设提供有益探索和支持。

报告的研究成果为长三角中小城市生态环境发展状况提供了直观的晴雨表，也进一步丰富了城市生态文明建设相关研究，可为各级政府和各类企业事业单位提供有益的借鉴与参考，并为从事城市相关学科、特别是生态环境研究的同行们提供可资参考的案例、观点和方法。

我们真诚希望各方专家、广大读者的不吝赐教，帮助研究团队不断提高本报告的科学性和实用性，共同为长三角一体化和世界级城市群建设作出更大贡献。

叶银忠

2024 年 9 月 9 日

目录 | Contents

总体报告

分项报告

典型案例

总体报告

第一章

长三角中小城市生态活力研究概述

一、长三角中小城市生态活力研究背景与意义

生态兴则文明兴,生态衰则文明衰。生态文明建设是关系中华民族永续发展的根本大计,也是关系民生福祉的重大社会问题。党的十八大以来,以习近平同志为核心的党中央把生态文明建设作为统筹推进"五位一体"总体布局和协调推进"四个全面"战略布局的重要内容,开展了一系列开创性工作,决心之大、力度之大、成效之大,前所未有。《关于加快推进生态文明建设的意见》和《生态文明体制改革总体方案》两个纲领性文件的出台,更是构筑起生态文明体制改革的"四梁八柱",对生态文明建设进行了全面系统部署安排。党的二十大报告强调,以中国式现代化全面推进中华民族伟大复兴。人与自然和谐共生,是中国式现代化的重要特征和应有之义。作为现代化的重要载体,城市的活力彰显着文明的程度,决定着城市的兴衰成败,对中国式现代化和中华民族复兴至关重要。而城市的生态活力则愈益成为衡量城市高质量发展的关键指标。党的二十届三中全会强调要建立可持续的城市更新模式和政策法规,要健全因地制宜发展新质生产力体制机制。如何以城市更新助推新质生产力发展,以新质生产力赋能城市生态文明建设,充分挖掘城市生态潜力,全面激发城市发展活力,促进城市高质量、可持续发展,是每个城市面临的时代命题。

2023 年 11 月 30 日,习近平总书记在上海主持召开深入推进长三角一体化发展座谈会,强调深入推进长三角一体化发展,要统筹生态环保和经济发展,在推进共同富裕上先行示范,在建设中华民族现代文明上积极探索,推动长三角一体化发展取得新的重大突破,在中国式现代化中走在前列,更好发挥先行探路、引领示范、辐射带动作用。在长三角一体化国家战略背景下,长三角中小城市需要激发生态活力,发挥生态优势,把生态优势转化为产业优势,以破解区域发展不均衡、不充分问题,助力长三角一体化高质量发展。

长三角中小城市生态活力的研究具有重大意义。一是推进生态文明体制改革。长三角地区作为我国经济最活跃、开放程度最高、创新能力最强的区域之一,长三角中小城市在经济发展的同时,面临着环境保护与生态修复的双重挑

战。研究长三角中小城市生态活力，有助于探索在经济发展与生态环境保护之间实现平衡的路径，推动区域生态文明体制改革。二是推动优化空间布局与产业结构。通过生态活力的研究，分析长三角中小城市在生态环境保护和资源利用方面的优势和劣势，为优化城市空间布局、调整产业结构提供科学依据，促进区域经济的高质量发展。三是促进形成绿色低碳发展机制。长三角中小城市作为区域经济的重要组成部分，其绿色转型对于实现区域可持续发展具有关键作用。研究生态活力，可以为长三角中小城市提供绿色转型的理论指导和实践案例，促进其在能源利用、产业结构、城市规划等方面的绿色升级；四是健全生态环境治理体系。良好的生态环境是提高居民生活质量和幸福感的重要因素。研究长三角中小城市生态活力，有助于推动城市环境治理和生态修复，健全生态环境治理体系，提升城市宜居性，满足人民群众对美好生活的向往。研究长三角中小城市生态活力，不仅符合党的二十届三中全会关于生态文明体制改革的要求，也为推动长三角一体化高质量发展、实现绿色发展目标提供重要的智力支持。

（一）长三角一体化国家战略与中小城市生态活力

党的十八大以来，习近平总书记就推动长三角一体化发展发表了一系列重要讲话，明确指出了长三角一体化发展的重大使命、重点任务、方法路径、根本保障，为推动长三角一体化发展指明了前进方向、提供了根本遵循。2018 年 11 月 5 日，在上海举行的首届中国国际进口博览会开幕式上，习近平总书记郑重宣布："支持长江三角洲区域一体化发展并上升为国家战略"，赋予长三角重大历史使命，为长三角一体化发展注入强大动能。其中，长三角生态绿色一体化发展示范区是长三角一体化发展国家战略的先手棋和突破口。2019 年 10 月 25 日，国务院批复同意《长三角生态绿色一体化发展示范区总体方案》，11 月 1 日，示范区正式揭牌成立。长三角生态绿色一体化发展示范区将打造生态友好型发展样本。坚持把一体化发展融入创新、协调、绿色、开放、共享发展中，实现共建共治共享共赢，打破行政壁垒，聚焦一体化制度创新，建立有效管用的一体化发展新机制。生态活力的提升对长三角一体化发展国家战略具有深远的影响和重要作用。一是绿色促进长三角地区经济高质量发展。生态活力的提升有助于推动绿色经济的发展，通过促进清洁能源、绿色交通、循环经济等领域的投资和创新，长三角地区可以实现经济结构的优化升级，减少对传统高污染、高能耗行业的依赖，提升区域整体的经济效率和竞争力。同时，生态活力的提升还能吸引更多的绿色投资，为区域带来新的增长点。[①] 二是强化区域协同。生态活力的提升需

---

① 任一弘.新时代中国共产党西藏生态安全屏障建设研究(2012—2022)[D].长春：吉林大学,2023.

要跨区域的协作与治理,这有助于加强长三角地区的政策协调和资源共享。例如,在大气污染治理、水环境保护、生物多样性保护等方面,通过建立区域性的监测、预警和应急体系,可以更有效地应对环境问题,促进区域的可持续发展。三是提升国际形象。长三角地区作为中国改革开放的前沿阵地,生态活力的提升不仅能够展现中国在生态文明建设方面的决心和成效,而且可以提升区域的国际形象和吸引力。这不仅有利于吸引外资和高端人才,还能增强区域在全球经济中的竞争力和影响力。四是促进科技创新。生态活力的提升往往伴随着对环保科技和绿色技术的需求增加,这能促进科技创新和产业升级。长三角地区拥有丰富的科教资源,通过产学研结合,可以加速环保技术的研发和应用,推动区域向创新驱动型经济转型。[①]

总之,生态活力的提升是长三角一体化高质量发展国家战略不可或缺的一部分,它不仅关乎环境的改善,更是实现经济、社会、环境协调发展的关键。通过生态活力的提升,长三角地区能够构建更加绿色、健康、和谐的发展格局,实现高质量发展的目标。[②]

(二) 新发展理念与长三角中小城市生态活力

新发展理念即绿色、创新、协调、开放、共享的发展理念,是习近平总书记在党的十八届五中全会上提出,强调坚持新发展理念是关系我国发展全局的一场深刻变革。在这一理念指导下,对生态活力的重视程度显著提高,两者之间的关系表现为以下几个方面。[③] 一是绿色发展。新发展理念中的"绿色"指的是低污染、低消耗、高效率的生产方式和生活方式,强调生态文明建设,促进经济发展与环境保护的和谐共生。这直接提升了生态活力,因为它要求减少对自然资源的依赖,保护和改善生态环境。[④] 二是创新驱动。新发展理念提倡以创新为核心驱动力,推动经济结构转型升级。在技术创新方面,鼓励发展绿色技术和循环经济,这些技术和经济模式有助于提升资源利用效率,减少环境污染,增强生态系统的自我修复能力。[⑤] 三是协调发展。新发展理念强调区域协调、城乡协调、社会协调,旨在解决发展不平衡问题。在此框架下,生态环境保护被视为协调各方面发展的重要内容,确保经济增长不以牺牲生态环境为代价。四是开放合作。新发展

① 肖培青,焦鹏.面向生态文明建设　面向重大国家战略　水利部黄土高原水土保持重点实验室推介[J].中国水土保持,2024(01):1-4.

② 曾云珍.新时代中国特色社会主义生态价值观研究[D].广州:华南理工大学,2022.

③ 王红.新时代发挥政府生态职能的三重逻辑[J].经济研究导刊,2021(11):8-10.

④ 张宇伯.习近平关于海洋生态环境治理重要论述研究[D].大连:大连海事大学,2023.

⑤ 李光辉,王若琳.边疆经济高质量发展重点、现实约束与突破路径[J].经济纵横,2024(02):41-47.

理念主张扩大对外开放,参与全球经济治理。在国际合作中,生态环境保护已成为重要议题,推动了绿色贸易和投资,促进了全球生态环境的共同保护。五是共享发展。新发展理念强调发展成果由全体人民共享,其中包括良好的生态环境。通过改善环境质量,保障公众健康,提高生活质量,共享发展的理念得以落实。

综上所述,新发展理念与生态活力之间的关系是内在的、相辅相成的。新发展理念的贯彻实施不仅能够增强生态活力,而且能够推动经济社会全面、协调、可持续发展,实现人与自然和谐共生的长远目标。[①] 新发展理念要求把生态优势转换成发展优势。长三角中小城市基于新发展理念,融合生态优势,实现高质量发展。在"绿水青山就是金山银山"理念的诞生地浙江安吉,不乏别开生面的成功案例。如通过生态修复,回乡大学生把废弃矿坑开设成网红咖啡店;培育生态文化,把经济薄弱的夏阳村变成"长三角绝美露营基地";开展竹林碳汇,将毛竹产业变成富民产业;等等。溯本求源,这些行动离不开将生态要素变成生产要素,把生态优势变成发展优势的底层逻辑。[②]

中国共产党第二十届中央委员会第三次全体会议提出,要健全因地制宜发展新质生产力体制机制。如何健全新质生产力体制机制,实现创新起主导作用,摆脱传统经济增长方式、生产力发展路径,使得新质生产力具有高科技、高效能、高质量特征?可以通过完善生态产品价值实现机制,健全生态保护补偿制度,充分调动各方面保护和改善生态环境的积极性,进一步把生态环境作为新质生产力要素融入现代经济体系,加快推进产业生态化和生态产业化,成为时代高质量发展的主旋律。[③④] 当前生态产品价值实现缺少完善的机制支持。从国家层面上看,需要把生态治理和发展区域特色产业有机结合,探索创新生态环境导向开发模式,合理有序发展关联产业,建立生态产品保护、利用、流通、价值转化与交易政策保障体系,形成以生态产品价值实现为核心的生态经济新路径。[⑤] 此外,公共性生态产品价值实现后,如果在不同群体间的合理分配机制和制度不健全,会导致公众参与积极性低、市场机制难以建立。[⑥] 应保障所有生态产品价值实

① 王尉.当代中国生态文明制度体系建设研究[D].大连:大连海事大学,2023.

② 卢洪友,潘星宇.建国以来生态环境财政理论及制度变迁[J].地方财政研究,2019(10):24-32.

③ 刘洁,王亚,苏杨.城市群高质量发展背景下人口聚散规律和驱动因素研究[J].河海大学学报(哲学社会科学版),2023,25(06):103-119.

④ 雷铭,韩运,佀伟等.我国城市市政公用设施10年发展概况、区域差异及规律分析[J].环境工程,2023,41(S2):864-870.

⑤ 朱正威.科学认识城市更新的内涵、功能与目标[J].国家治理,2021(47):23-29.

⑥ 蒯诗琪.中原城市群城市绿色发展水平时空演变规律与提升策略分析[J].统计理论与实践,2021(02):17-23.

现参与者的贡献得到回报,同时健全利益分配和风险分担机制、信息公开机制等,也要防止生态资产过度资本化。[①] 绿水青山既是自然财富、生态财富,又是社会财富、经济财富。让好山好水有好"价",成就高质量发展的更多梦想。

(三) 长三角中小城市发展规律研究与城市学学科建设

城市学是研究城市的起源、发展、结构、功能以及城市与环境之间关系的学科。它涉及地理学、社会学、经济学、政治学、环境科学、城市规划和设计等多个学科领域。城市学的目标是理解城市现象,解决城市问题,并指导城市的可持续发展。在城市学的研究中,城市被视为一个复杂的系统,其中包含了人口、住宅、商业、工业、交通、基础设施、公共服务、文化娱乐等多个子系统。这些子系统之间相互依赖、相互作用,共同影响着城市的整体功能和发展。

城市学关注的主要问题有城市空间结构,指的是城市内部的布局和空间组织,如住宅区、商业区、工业区的分布;城市人口动态,如人口迁移、城市化进程、社会分层和城市贫困等问题;城市经济活动,产业结构、就业、城市竞争力和经济增长;城市环境与生态,城市污染、绿地保护、生态系统服务和城市可持续性;城市治理与政策,城市规划、土地使用政策、公共服务和基础设施建设。

城市学的研究方法包括定量分析(如统计数据分析、地理信息系统等)和定性研究(如案例研究、参与观察、深度访谈等)。通过这些方法,学者们能够深入理解城市的复杂性,并提出有效的城市规划和管理策略。

随着全球化和城市化的加速,城市学的研究变得越来越重要。它不仅帮助我们认识城市的过去和现在,而且为应对未来城市面临的挑战提供了理论依据和实践指导。本课题组过去几年持续研究了长三角中小城市城市活力,包括人才活力、文化活力、创新活力等。今年接续研究长三角中小城市生态活力,探索城市环境发展规律,挖掘城市经济快速发展对城市生态环境的影响,对推动城市学学科建设具有较重要的实践意义。

城市发展规律是指城市在历史长河中表现出的一些普遍性的趋势和模式。这些规律反映了城市如何随着时间的推移而成长、演变,并受到社会经济、政治、文化、技术、环境等多方面因素的影响。经过多年的研究,城市发展规律包括:① 集聚效应(Agglomeration Effect)。城市因为集中了大量的人口和企业,能够带来规模经济和范围经济,从而提高效率和生产力;② 城市等级体系(Urban Hierarchy)。城市按照大小、功能和重要性形成等级体系,大城市通常承担更多的行政、经济、文化中心的角色;③ 中心地理论(Central Place Theory)。沃尔

---

① 王军.新时代老城更新的系统方法探索[J].中国名城,2021,35(10):1-12.

特·克里斯塔勒提出的理论,认为城市(中心地)按照一定的规模和间隔分布,提供不同范围和等级的服务和商品;④ 城市蔓延(Urban Sprawl)。随着城市的扩张,城市边界向郊区延伸,导致城市用地不断增加,同时可能带来环境问题和城乡差距;⑤ 城市更新与再生(Urban Regeneration)。随着城市老化,一些区域可能出现衰退,需要通过更新改造来恢复活力,提升城市功能和居民生活质量;⑥ 可持续发展(Sustainable Development)。城市发展需要平衡经济增长、社会公平和环境保护之间的关系,实现长期的可持续性;⑦ 智能城市(Smart City)。利用信息和通信技术来提高城市管理的效率,优化资源配置,改善居民生活;⑧ 全球化与地方化(Globalization and Localization)。城市在全球化的背景下,既要保持与世界各地的联系和竞争,又要保持本地特色和身份认同。这些规律并非一成不变,城市发展受到众多因素的影响,包括政策导向、市场力量、技术进步、文化变迁和自然环境等。因此,城市规划和管理需要灵活应对,结合具体情况,促进城市的健康、有序和可持续发展。

　　城市发展规律研究对推动城市学科建设有着深远的影响,其作用主要体现在以下几个方面:一是构建理论框架,研究城市发展规律有助于形成系统的城市学理论框架,这为城市学的学科体系提供了基础和指导。二是丰富教学内容,城市发展规律的发现和总结为城市学的课程设置和教学内容提供了丰富的素材,使得学生能够了解和学习到城市发展的实际情况和内在机制。三是创新研究方法,探索城市发展规律需要采用多种研究方法,如定量分析、定性研究、案例研究等。这种方法论的多样化促进了城市学研究方法的创新和完善。四是推动学科交叉融合,城市发展是一个复杂的系统工程,涉及经济、社会、环境等多个领域。研究城市发展规律需要跨学科的知识和方法,从而推动了城市学与其他学科的交叉融合。五是提供政策制定参考,城市发展规律的研究结果可以为政府的城市规划和政策制定提供科学依据,增强政策的针对性和有效性。六是指导实践应用,城市发展规律的认识有助于指导城市规划和管理实践,提高城市建设和发展的质量和效率。[①] 七是提升学科影响力,随着对城市发展规律的深入研究,城市学的学术地位和社会影响力将得到提升,吸引更多的学者和研究机构投入到城市学的研究中。

　　综上所述,城市发展规律研究是推动城市学学科建设的重要动力,它不仅能够丰富和深化城市学理论,还能够促进教学内容和研究方法的创新,为城市规划

---

① 李文刚.人民城市理念:出场语境、意蕴表征与伦理建构[J].城市学刊,2021,42(06):34-39.

和管理实践提供指导,同时提升城市学的学术地位和影响力。①

二、长三角中小城市生态活力相关概念界定

(一) 生态

生态是指生物(原核生物、原生生物、动物、真菌、植物)之间和生物与周围环境之间的相互联系、相互作用。生态是研究生物与其周围环境相互作用和相互关系的科学领域。它涵盖了生物体之间以及生物体与非生物环境之间的能量流动、物质循环和信息传递。生态系统是生态研究的基本单位,它包括了在一定时间和空间范围内,所有生物群落及其生活环境构成的复杂网络。生态系统可以分为自然生态系统和人工生态系统。自然生态系统如森林、湿地、草原和海洋等,而人工生态系统包括农田、城市和园林等由人类创造和管理的系统。生态系统的健康和稳定性取决于其内部的生物多样性、生态过程的完整性以及对外界干扰的抵抗力和恢复能力。生态平衡是指生态系统内部各种生物和非生物因素相互作用,形成相对稳定的动态平衡状态。当生态系统受到过度的人为干扰时,比如过度开发、污染、引入外来物种等,可能会导致生态失衡,进而影响生态系统的服务功能,如食物供应、水质净化、气候调节等。②

改革开放 40 多年来,我国城市化的快速推进对物质和能源旺盛的需求远远超出了大自然维持自身可持续发展的阈值,致使生态环境不断恶化。2018 年,我国生态环境部首次在关于生态领域的政策性文件中提出,探索以生态环境导向的城市开发模式在我国环境治理、产业发展及城市更新等项目中的应用。这迅速引起了众多国内学者的关注,越来越多的决策者开始将"生态环境保护"融入城市建设。究其原因,以生态为导向的 EOD(Ecology-Oriented-Development)模式符合我国生态发展建设道路的要求,不仅可以解决城镇建设和发展的可持续性问题,而且能进一步解决生态环境质量提升和改善的难题,是未来城市建设和发展的新方向。

生态保护和可持续发展是当前生态领域的重要议题。这包括保护生物多样性、恢复受损生态系统、合理利用自然资源、减少污染排放等措施,以确保生态系统能够为当前和未来的人类社会提供必要的生态服务,同时维持其健康和稳定。

(二) 活力

活力在哲学领域中通常指生命的本质特征之一,涉及个体或事物展现出来

---

① 叶锺楠,吴志强.城市诊断的概念、思想基础和发展思考[J].城市规划,2022,46(01): 53-59.
② 吴舜泽,刘越,俞海.全国生态环境保护大会三大成果的理论思考[J].环境保护,2018,46(11): 12-16.

的生命力、活跃状态和创造力。它与静态、死寂或缺乏动力的状态相对立。活力可以被看作是一种内在的动力,推动事物向前发展、变化和进化。

在不同的哲学体系中,活力的概念可能会有所差异。例如,在古希腊哲学中,亚里士多德认为活力(entelechy)是生物体内在的目的性力量,它指引着生物向着其最终形态发展。在东方哲学中,如道家哲学,则强调"道"作为宇宙万物的根本原理,万物皆由道生,充满了生机与活力。

现代哲学中,活力的概念也与个体的自由意志、自我实现和创造力紧密联系。存在主义哲学家如萨特和尼采,强调个体存在的主动性和创造自己生活的能力,这种观点同样体现了活力的哲学意义。

总体而言,活力在哲学上是一个多维度的概念,它关联着生命、发展、自由以及创造力等核心哲学议题。通过对活力的探讨,哲学家们试图理解和解释生命现象的本质,以及个体和社会如何维持和提升其活力。

(三) 城市活力

城市活力通常指的是一个城市在经济、人才、文化、科技、生态、品牌等多方面的综合发展水平和活跃程度。它反映了城市的竞争力、吸引力和创新能力。城市活力的高低受多种因素影响,包括但不限于以下几个方面[①]:一是经济发展。城市的 GDP 增长率、产业结构、就业率和人均收入等经济指标是衡量城市活力的重要指标。二是人口结构。城市的人口规模、年龄分布、教育水平和人才集聚程度等也会影响城市活力。三是基础设施。城市的交通网络、公共服务设施、信息通信技术等基础设施的完善程度直接关系到城市运行的效率。四是创新能力。城市的研发投入、专利申请数量、高新技术产业发展等体现了城市的创新能力和未来发展潜力。五是文化氛围。城市的文化设施、教育资源、艺术活动等文化要素能够吸引人才,促进创意产业的发展。六是生态环境。城市的空气质量、绿化水平、水资源管理等环境因素对于提高居民的生活质量和城市的可持续发展至关重要。七是品牌效应。一个城市的影响力可以通过城市品牌打造、城市特色提升以吸引招商引资,吸引人才聚集,从而提升一个城市的软实力,进一步提升城市品牌影响力,形成一个城市的良性发展模式。

城市活力的提升需要综合考虑以上各个方面,通过政策引导和资源配置,促进经济、社会、文化和环境的协调发展。同时,城市规划者和决策者应当注重提升城市的包容性和宜居性,以吸引和留住人才,进一步增强城市活力。

---

① 牛喜娟.框架理论下的生态环境议题报道研究[D].成都:西南财经大学,2022.

(四) 生态活力

生态活力是指生态系统内部的生命力和动态平衡状态,表现为生物多样性的丰富度、生态过程的活跃程度以及生态系统对外界干扰的适应能力和恢复能力。一个具有高生态活力的系统通常具有稳定的能量流动和物质循环,能够支持多样的生物种群,维持健康的生态关系,并且在遭受破坏后能有效地恢复。生态活力的高低受到多种因素的影响,包括自然条件(如气候、地形、土壤等)、生态系统类型(如森林、草原、湿地等)、人为干预(如农业开发、城市化、污染等)以及生物间相互作用(如捕食、竞争、共生等)。为了保持和提升生态活力,需要采取一系列的保护和管理措施,如建立自然保护区、实施可持续的土地利用规划、恢复受损生态系统、控制污染物排放、保护生物多样性等。通过这些措施,可以增强生态系统的自我维持能力,促进生物多样性的保护,以及维持生态系统服务的持续供给,从而为人类社会的可持续发展提供支撑。[①]

城市活力与生态活力之间存在密切的关系。一方面,城市活力体现在经济快速发展、人口密集、文化多元和社会活跃等方面,而这些因素往往伴随着对自然资源的大量消耗和环境的压力。另一方面,生态活力指的是城市生态系统的健康状况和生物多样性水平,它直接影响城市的环境质量和居民的生活质量。[②]

城市活力的提升需要良好的生态环境作为支撑。生态活力强的城市能够提供清新的空气、清洁的水资源、绿色的休闲空间等,这些都有利于吸引人才和投资,提高居民的幸福感和满意度,从而进一步增强城市的整体竞争力和吸引力。同时,生态活力也能够促进城市经济的可持续发展,比如通过发展绿色产业、生态旅游等方式。然而,如果城市活力的提升仅仅依靠传统的工业化和城市化路径,而忽视了生态环境的保护,那么可能会导致资源枯竭、环境污染和生态退化等问题,最终损害城市的长远发展。因此,城市规划和管理需要寻求经济发展与生态保护的平衡点,通过推行绿色建筑、绿色交通、节能减排等措施,提升城市的生态活力,实现城市的可持续发展。[③]

总之,城市活力与生态活力是相辅相成的。只有在确保生态环境质量的前提下,城市才能实现真正的活力提升,形成健康、可持续、具有竞争力的现代化城市。

---

① 王芳,李宁.赋权·认同·合作:农村生态环境参与式治理实现策略——基于计划行为理论的研究[J].广西社会科学,2021(02):49-55.

② 李海生,等.长江生态环境协同治理的理论思考与实践[J].环境工程技术学报,2021,11(03):409-417.

③ 卢洪友,潘星宇.建国以来生态环境财政理论及制度变迁[J].地方财政研究,2019(10):24-32.

（五）城市生态活力指数

生态环境是"由生态关系组成的环境"的简称，是指与人类密切相关的，影响人类生活和生产活动的各种自然（包括人工干预下形成的第二自然）力量（物质和能量）或作用的总和。生态环境是人类生存发展的根基，保护好生态环境，走绿色发展之路，人类社会发展才能高效、永续。[①]

生态环境的状况直接影响生物的生存和繁衍，同时也影响到人类的福祉。[②] 生态环境的主要特征包括生态系统的结构和功能，生物多样性，以及生态过程（如能量流动、物质循环和信息传递）。生态环境的平衡是通过这些复杂的生物和非生物过程相互作用实现的。[③] 然而，由于人类活动，如工业化、城市化、农业扩张、森林砍伐、过度捕捞和污染等，许多生态环境正遭受破坏。这些活动破坏了原有的生态平衡，导致生物多样性减少，生态系统服务功能下降，以及自然资源的过度消耗。[④] 因此，保护生态环境，实现生态文明建设和可持续发展，已经成为全球共同关注的问题。这包括制定和执行环境保护法规，推广绿色生活方式，实施生态修复项目，以及通过教育和宣传提高公众的环境保护意识。

生态环境指数是指反映被评价区域生态环境质量状况的一系列指数的综合。生态环境指数（Ecological Environment Index）是用于评价和衡量一个地区或国家生态环境状况的综合指标。这个指数通常包括多个子指标，反映了不同方面的环境质量，如空气质量、水质、土壤状况、生物多样性、自然资源利用效率以及环境污染程度等。不同国家和地区可能会有不同的计算方法和标准，但一般都会通过对各项子指标的数据进行标准化处理后，再进行加权求和或其他统计分析，得出一个综合的指数值。生态环境指数的数值越高，表明该地区的生态环境质量越好；反之，指数数值越低，则说明生态环境状况较差。[⑤] 生态环境指数的应用非常广泛，可以用于环境监测、政策评估、资源管理和国际比较等领域。通过这个指数，政府决策者能够更好地了解生态环境的现状，制定相应的环境保护措施，并对环境政策的效果进行评估。同时，公众也可以通过生态环境指数了解自己居住地区的环境质量，提高环保意识。

本课题的城市生态活力指数主要指的是城市生态环境指数，是评估城市生

---

① 王玉萍.天津市当代生态环境问题研究[D].天津：天津财经大学，2021.

② 张震.基于生态足迹理论的重庆市生态环境保护研究[D].重庆：重庆理工大学，2016.

③ 王子婧，李笑豫，李孝林等.生态环境导向的城市发展理念理论研究应用综述[J].项目管理技术，2021,19(09)：67-72.

④ 黄润秋.把碳达峰碳中和纳入生态文明建设整体布局[J].中国生态文明，2021(06)：9-11.

⑤ 方创琳，周成虎，顾朝林等.特大城市群地区城镇化与生态环境交互耦合效应解析的理论框架及技术路径[J].地理学报，2016,71(04)：531-550.

态环境系统的生机和活力的指标,指城市生态环境系统能够承载城市经济发展和人口增长,并保持可持续发展,实现城市经济建设、环境、资源之间良好互动和协调发展。城市活力指数作为衡量区域生态环境能否承载经济发展的重要指标,能客观地表征城市发展水平与生态环境的关系,为实现长三角生态绿色一体化高质量发展提供检验依据。该指标也是一个衡量城市生态系统健康和活力状态的指标,它通常包括多个与生态相关的子指标,如绿地覆盖率、公园数量和质量、生物多样性、城市绿化水平、水体健康状况、空气质量、能源和资源的使用效率等。这个指数反映了城市生态系统在维持生物多样性、提供生态服务以及促进可持续发展方面的能力。[①] 城市生态活力指数的高低直接关系到城市居民的生活质量和城市的可持续发展。因此,通过定期评估和监控城市生态活力指数,可以帮助政府和城市管理者制定更加科学合理的环境保护和城市规划策略。[②]

三、长三角中小城市生态活力指标体系研究现状

(一) 生态活力指标体系国外研究现状

目前国外的环境指数指标体系有环境可持续指数(Environmental Sustainability Index, ESI)、环境绩效指数(Environmental Performance Index, EPI)、环境可持续发展指数(Environmental Sustainability Index, ESI)等。ESI 是由美国耶鲁大学环境法律与政策中心、哥伦比亚大学国际地球科学资讯网络,以及世界经济论坛所合作,在 1999 年至 2008 年间公开发表。环境可持续指数主要从环境系统、减轻压力、减少人类损害、社会和体制能力、全球参与等五个维度来评估。EPI 是环境可持续指数的团队已经发展出另一项新的指标系统,该指数利用结果导向的指标,以作为政策制定者、环境科学家、咨询者与一般大众能更容易使用的基准指标。该指标体系主要从环境健康、生态系统活力二大维度来评估。环境可持续发展指数是一项由霍尼韦尔与 Futurum Research 联合编制的季度性指数,旨在向全球社区报告相关技术在直接推动环境、可持续发展和治理倡议过程中的现状和未来趋势。该环境可持续发展指数主要是从能源发展、减排、环境保护、循环利用等四个维度来评估。

(二) 生态活力指标体系国内研究现状

目前国内的环境指数体系有《生态环境状况评价技术规范》、美丽生态指数

---

① 方创琳,崔学刚,梁龙武.城镇化与生态环境耦合圈理论及耦合器调控[J].地理学报,2019,74(12):2529 - 2546.

② 于文轩.生态环境协同治理的理论溯源与制度回应——以自然保护地法制为例[J].中国地质大学学报(社会科学版),2020,20(02):10 - 19.

体系、海岛生态评估体系、中国省域生态文明建设评价指标体系等(见表1-1)。《生态环境状况评价技术规范》是中国生态环境部于2015年发布的《中华人民共和国国家环境保护标准 HJ192-2015》文件,文件明确规定了生态环境评价指标及计算方法,其中明确了城市生态环境指数从环境质量、污染负荷和生态建设三个方面反映城市发展过程中环境质量状况、受纳的污染压力和生态环境状况。美丽生态指数体系,是国家生态大数据中心研发编制的,该单位在2017年发布了全球美丽国家发展报告。美丽生态指数主要从生态、资源、环境、景观四个维度来评估。海岛生态评估指数是丰爱平、张卫东在2019年发布的,该指标体系评估了海岛生态指数,提出海岛生态指数和发展指数的评价指标体系设计与验证。海岛生态指数由生态环境、生态利用和生态管理三个维度来评估。中国省域生态文明建设评价报告(ECCI),是由北京林业大学生态文明研究中小 ECCI课题组研发。该指标体系主要从生态活力,环境质量,社会发展,生态、资源与环境协调度,生态、环境、资源与经济协调度来评估。

表1-1 国内外生态活力指标体系

		指标体系	来　源	维　度
生态活力指标体系	国外	环境可持续指数(ESI)	美国耶鲁大学环境法律与政策中心、哥伦比亚大学国际地球科学资讯网络,以及世界经济论坛所合作研发	环境系统、减轻压力、减少人类损害、社会和体制能力、全球参与
		环境绩效指数(EPI)	同上	环境健康、生态系统活力
		环境可持续发展指数	霍尼韦尔与 Futurum Research 联合编制	能源发展、减排、环境保护、循环利用
	国内	《生态环境状况评价技术规范》	中国生态环境部	环境质量、污染负荷和生态建设
		美丽生态指数体系	国家生态大数据中心研发编制	生态、资源、环境、景观
		中国省域生态文明建设评价(ECCI)	北京林业大学生态文明研究中心	生态活力,环境质量,社会发展,生态、资源与环境协调度,生态、环境、资源与经济协调度

四、长三角中小城市生态活力指标体系构建

(一) 理论基础——城市生态系统链式驱动机制

生态系统链式驱动机制是指在生态系统中,一个物种或生态过程的变化能够引发一系列连锁反应,从而影响整个生态系统的结构和功能。这种机制通常涉及多个物种之间相互作用以及物种与其环境之间的关系。例如,当一个顶级捕食者的数量发生变化时,可能会导致其直接猎物的种群数量发生相应变化。这种变化又会影响到猎物的食物来源,即更低营养级上的物种,从而引起一系列的生态效应。此外,食物链的每一级都可能与多个其他物种相互作用,如竞争、共生等,这些相互作用也会被链式驱动机制所影响。链式驱动还可以发生在非生物因素的变化上,例如,气候变化、生态环境。这些子系统的相互作用形成城市生态系统链式驱动机制:生态现状→生态压力→生态响应举措→形成生态效益→改善生态环境状况。这种机制的关键在于生态系统的各个组成部分是高度关联的,任何一个环节的改变都可能通过复杂的相互作用传递到整个系统。因此,生态系统的稳定性和抵抗力往往依赖于其内部的多样性和复杂性,多样性越高、结构越复杂的生态系统通常能更好地吸收和缓冲外部变化带来的影响。

基于以上理论基础,本课题构建了城市生态系统的链式驱动机制,即利用"状态-压力-响应-效益"链式驱动机制来阐述城市生态系统的闭环驱动模式,生态系统的链式驱动机制如图 1-1 所示。

图 1-1 生态系统链式闭环驱动机制示意图

(二) 长三角中小城市生态活力指标体系框架

本课题立足长三角中小城市实际,针对当前人类面临的共同问题——生态环境问题,以城市生态活力作为研究的视角和逻辑切入点,基于生态系统链式驱动机制,并参考《生态环境状况评价技术规范》构建了城市生态活力指标体系,努力促使形成一个有活力的城市生态系统,从而实现人民生存环境的改善、人们生活质量的提高、人与人以及人与自然和谐共生的有序、健康、高效、可持续发展。

本课题在长三角一体化高质量发展的背景下,利用"状态-压力-响应-效益"链式驱动机制构建长三角中小城市生态活力指标体系,从生态禀赋、生态压力、生态响应、生态效益四个维度评估长三角中小城市生态活力。生态禀赋是指目前城市的生态环境现状;生态压力指的是环境需要承载如此规模的经济发展和人口增长所面临的生态环境和资源压力;生态响应指的是面对社会发展建设、经济发展过程中的生态环境问题所采取的生态建设措施。生态效益是指通过生态响应方面做出的各种举措之后,城市生态环境形成良好的生态效益。具体详细解析如下所示:

生态禀赋是指一个地区在自然条件下形成独特的生态系统和自然资源组合,它包括该地区的土壤类型、水资源、植被覆盖、野生动物种群、气候条件等自然特征。这些特征决定了一个地区能够提供的生态服务能力,如食物生产、水源涵养、气候调节、休闲娱乐等,直接影响当地居民的生存方式和社会经济发展潜力。不同地区的生态禀赋差异显著,有的地区可能拥有丰富的水资源和肥沃的土地,适合发展农业;而有的地区则可能拥有丰富的矿产资源或者独特的生物多样性,适合发展矿业或生态旅游。生态禀赋的优劣直接关系到一个地区能否实现可持续发展,因此合理利用和保护好生态资源对于保障人类福祉至关重要。同时,生态禀赋的保护和管理也需要考虑到社会经济因素,以确保生态保护与经济发展之间的平衡。

生态压力是指人类活动对自然环境造成的负面影响,这些活动包括工业化、城市化、农业扩张、森林砍伐、资源过度开采、污染等。生态压力可以导致自然资源的枯竭、生物多样性的丧失、生态系统服务功能的下降以及气候变化等环境问题。随着人口增长和经济发展,生态压力不断增大,这对地球的可持续发展构成了严重威胁。因此,减少生态压力、实现人与自然和谐共生已成为全球面临的重要挑战。

生态响应是指城市社会经济发展过程中,环境中生物和非生物要素对人类活动和城市发展产生影响之后,城市决策者面对生态环境问题采取的一系列响应举措,以便改进城市生态环境。在城市环境中,生态系统受到高度的人为干扰,因此它们的响应往往表现为一系列复杂的适应和调节机制。生物方面的响应包括城市植被的适应,比如选择耐污染和耐热的物种;野生动物在城市环境中的生存策略调整,动物开始适应城市噪音和光污染;以及城市生物多样性的变化,这可能导致某些物种消失而另一些入侵物种的出现。非生物方面的响应涉及城市基础设施和建筑材料的选择,例如,通过绿色屋顶和透水铺装,促进雨水管理,减少热岛效应。城市热岛效应本身就是一种典型的城市生态响应,由于建筑物和道路吸收和重新辐射热量,城市区域比周边乡村地区气温更高。城市生态系统服务的变化也是城市生态响应的一部分,比如空气质量的改善、城市绿地提供的休闲空间以及生态系统在调节城市气候和水文周期中的作用等。为了促进可持续的城市发展,城市规划者和管理者需要考虑如何设计城市环境以增强其生态韧性和适应力,同时减少对自然环境的负面影响。这包括整合绿色基础设施、实施绿色建筑标准、保护和创建城市绿地和野生动植物栖息地,以及推动资源循环利用和减少废物产生。通过这些措施,城市生态系统能够更好地响应不断变化的环境条件,同时支持人类社会的健康和福祉。

生态效益是指生态系统在维持生物多样性、提供生态服务以及保持环境健康等方面所产生的积极作用和价值。城市生态效益即指人们在生产活动中,依据生态平衡规律,使自然界的生物系统对人类的生产、生活条件和环境产生的有益影响和有利效果。它关系到人类生存发展的根本利益和长远利益。生态效益的提升通常需要通过生态修复、环境保护政策实施、可持续的自然资源管理和教育普及等手段来实现。

本课题根据生态禀赋、生态压力、生态响应、生态效益四个维度,采用相关指标,获得生态禀赋指数、生态压力指数、生态响应指数、生态效益指数,从而构建长三角中小城市生态活力指数指标体系。生态禀赋指数采用空气质量达标率、集中式饮用水源地水质达标率、生物多样性、生态市(区)等级等四个指标来表征,并通过这四个指标来评估城市生态禀赋指数。生态压力指数采用第二产业增加值占比、工业用电量增长率、民用汽车拥有量、人口密度等四个指标来表征,并通过这四个指标来获得城市生态压力指数。生态响应指数采用工业二氧化硫排放量下降率、工业废水排放量下降率、化肥施用量下降率、$PM_{2.5}$浓度下降率等四个指标来表征,并通过这四个指标来获得城市生态响应指数。生态效益指数采用建成区绿地覆盖率、节能环保支出占 GDP 比重,燃气普及率、城镇生活污水集中处理率等四个指标,并通过这 4 个指标来评估生态效益指数。长三角中小城市生态活力指标体系如表 1-2 所示。

表1-2 长三角中小城市生态活力指标体系

一级指标	二级指标	三级指标
生态活力指数	生态禀赋	空气质量达标率
		集中式饮用水源地水质达标率
		生物多样性
		生态市(区)等级
	生态压力	第二产业增加值占比
		工业用电量增长率
		民用汽车拥有量
		人口密度
	生态响应	工业二氧化硫排放量下降率
		工业废水排放量下降率
		化肥施用量下降率
		$PM_{2.5}$浓度下降率
	生态效益	建成区绿化覆盖率
		节能环保支出占GDP比重
		燃气普及率
		城镇生活污水集中处理率

五、长三角中小城市生态活力指数评价方法

(一) 长三角中小城市生态活力指数研究对象

本课题的研究对象是长三角地区的60个中小城市(区、县)。包括上海市8个非中心城区、江苏省、浙江省和安徽省2023年《统计年鉴》里的县级市,以及长三角生态绿色一体化示范区的浙江省嘉兴市嘉善县和江苏省苏州市吴江区。[①] 上海市8个非

---

① 嘉兴市嘉善县和苏州市吴江区均不是县级市。浙江省嘉兴市嘉善县、江苏省苏州市吴江区和上海市青浦区同属于2019年11月1日成立的长三角生态绿色一体化发展示范区。由于本报告定位于长三角中小城市研究,因此讲嘉兴市嘉善县和苏州市吴江区也放入长三角中小城市样本。

中心城区,分别为闵行区、嘉定区、宝山区、松江区、青浦区、金山区、奉贤区、崇明区。江苏省 22 个中小城市(区),分别为江阴市、宜兴市、新沂市、邳州市、溧阳市、常熟市、张家港市、昆山市、太仓市、吴江区、启东市、如皋市、海安市、东台市、仪征市、高邮市、丹阳市、扬中市、句容市、兴化市、靖江市、泰兴市。浙江省 21 个中小城市(县),分别为建德市、余姚市、慈溪市、瑞安市、乐清市、龙港市、海宁市、平湖市、桐乡市、嘉善县、诸暨市、嵊州市、兰溪市、义乌市、东阳市、永康市、江山市、玉环市、温岭市、临海市、龙泉市。安徽省 9 个中小城市,分别为巢湖市、界首市、天长市、明光市、无为市、宁国市、广德市、桐城市、潜山市。

(二) 长三角中小城市生态活力指数评价方法

城市生态活力指数的构建及评价方法,具体操作步骤如下:

1. 指标选取

根据城市生态系统的特点和功能,选择能够反映生态活力的关键指标。依据数据的可获取性、可操作性和科学性选择结合长三角中小城市实际情况,选择了 16 个具体表征指标来评估城市生态活力指数。指标选择的准确性、合理性和科学性直接影响城市生态活力指数的质量。

2. 数据来源与处理

(1) 数据采集。选择合适的指标之后,收集了相关指标的数据,指标数据主要来源于各大城市的生态环境保护局网站、2022 年城市统计年鉴、环境监测站、2022 年度城市社会发展公报、科研机构。

(2) 数据处理。数据预处理。数据采集好之后,需对数据进行一个预处理,把明显异常的数值剔除,并通过均值法或者通过别的途径获取数据等方法来处理,最终使得所有数据均具有可参考性。

数据标准化。将不同指标的原始数据转换为可比较的形式,常用的方法包括最大最小标准化法。由于原始数据存在量纲,为了客观地对比各中小城市指标数据,必须对数据进行标准化处理。标准化处理方法如下。本次报告所有指标的标准化处理方法如下:

正向指标标准化计算公式为:

$$X'_i = \frac{X_i - X_{\min}}{X_{\max} - X_{\min}}$$

其中,X'_i 为处理后标准化数据,X_i 为原始数据,$X_{\max}$ 为 X_i 最大值,$X_{\min}$ 为 X_i 最小值。

负向指标标准化计算公式为:

$$X'_i = \frac{X_{\max} - X_i}{X_{\max} - X_{\min}}$$

其中，X'_i 为处理后标准化数据，X_i 为原始数据，$X_{\max}$ 为 X_i 最大值，$X_{\min}$ 为 X_i 最小值。

3. 获取指标权重

根据各指标对城市生态活力的影响程度，赋予不同的权重。权重的确定可以采用专家打分、德尔菲法、层次分析法、主观赋权法等方法，这里主要综合采用专家打分结合主观赋权法。

4. 生态活力指数评估

通过分析文献和专家打分，研讨确定各指标权重，对各指标进行加权求和，得到综合指数。上一级指标为下一级指标与其权重值的乘积之和，计算公式为：

$$X = \sum_{i=1}^{N} X'_i \times W_i$$

其中，X 为合成后的综合指数，N 为下一级指标总数；W_i 为第 i 项指标的权重值。

最后，根据生态活力指标评估模型获得生态活力指数，并对城市生态活力指数进行等级划分，识别生态活力高的城市区域，分析存在的问题，提出改进建议。城市生态活力指数的高低直接关系到城市居民的生活质量和城市的可持续发展。因此，通过定期评估和监控城市生态活力指数，可以帮助政府和城市管理者制定更加科学合理的环境保护和城市规划策略。

（作者：王桂林）

第二章

长三角中小城市生态活力指数报告

一、长三角中小城市生态活力指数研究分析

(一) 长三角中小城市生态活力指数得分与排名

通过对长三角中小城市生态禀赋、生态压力、生态响应、生态效益等四个指标的数据采集并归一化处理，消除量纲，使得结果值映射到[0，1]之间，然后采用公式：

$$EI = E_{生态禀赋} * W_{生态禀赋} + E_{生态压力标准化} * W_{生态压力} + E_{生态响应} *$$
$$W_{生态响应} + E_{生态效益} * W_{生态效益}$$

其中 $E_{生态压力标准化}$ 是对生态压力分指标的数值进行负向标准化处理之后的分值，因为生态压力对生态活力指数是负向作用，即生态压力是负向分指标。

指标赋权方式，依据前面理论论述中的相关文献综述，并结合专家打分方法，最后各分指标的权重分配如下表2-1。

表2-1 生态活力指数分指标权重表

分指标	权 重	指 标	权 重
生态禀赋指数	0.25	生态压力指数	0.2
生态响应指数	0.3	生态效益指数	0.25

经过严格数据处理之后得到标准化数据，结合各分指标的指标权重，最终通过上述公式获取长三角中小城市生态活力指数。具体步骤如下：首先数据前期预处理，然后进行标准化处理；其次对指标进行权重赋值；最后评估了长三角60个中小城市（区）生态活力指数。长三角中小城市生态活力指数如表2-2所示。

数据显示60个中小城市的生态活力指数均值为60.07，长三角中小城市生态环境总体较好，达到中上水平，这与长三角地区重视生态环境保护，坚持在开发中保护、在保护中开发的原则，践行长三角高质量一体化发展国家战略密切相关。

依据长三角中小城市生态活力指数,进入前15名的是崇明区、龙泉市、巢湖市、青浦区、建德市、江山市、明光市、邳州市、永康市、乐清市、太仓市、临海市、启东市、东台市、温岭市(见图2-1)。最高得分的是崇明区,分值为75.08,崇明区生态活力指数高主要体现在其拥有4个典型的国家级湿地和森林公园,对崇明区的生态系统的调节奠定了基础。同时,崇明区的汽车保有量较低,人口密度也低,使得崇明区的生态压力较小。崇明区另一个突出表现是环保事业投资力度很大,其节能环保的支出占GDP比重达2.85%,在60个中小城市(区)占比最高,远远高于上海其他非中心城区。生态活力指数排名第二的是龙泉市,分值为74.74,主要体现在龙泉市有5个国家级湿地和森林公园,成为龙泉市的天然生态氧吧,为龙泉市生态活力奠定了基础。2022年至2023年间,龙泉市$PM_{2.5}$下降率为5.56%。建成区面积绿地覆盖率达到42.27%,同时该市的汽车保有量相对较低,作为一个农业市,在化肥施用量方面也下降1.91%。龙泉市不仅具有良好的生态禀赋,同时在社会经济发展过程中面对生态环境压力做出了较大的贡献。第三名是安徽省巢湖市,生态活力指数分值为72.42,主要表现在巢湖市有8个代表性湿地和森林公园,说明巢湖市具有良好的生态禀赋。另外,巢湖市2022年至2023年的化肥施用量下降5.03%,工业二氧化硫排放量下降2.16%,$PM_{2.5}$浓度下降了2.12%,使得巢湖市生态活力指数能够进入前三。

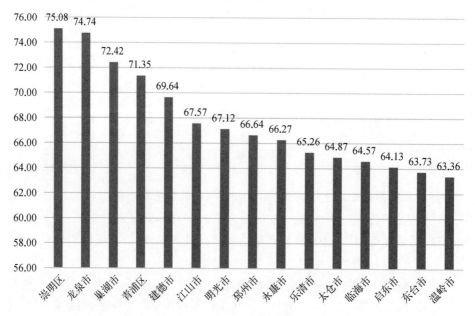

图2-1 长三角中小城市生态活力指数排名前15名城市

表 2－2　长三角中小城市生态活力指数得分及排名(前 30 名城市)

省	地级市	县级市（区）	生态禀赋指数	生态压力指数（标准化数据）	生态响应指数	生态效益指数	生态活力指数	排名
上海		崇明区	71.80	100.00	71.33	62.92	75.08	1
浙江	丽水	龙泉市	82.65	80.26	72.37	65.25	74.74	2
安徽	合肥	巢湖市	77.21	76.46	75.47	60.74	72.42	3
上海		青浦区	71.56	71.23	83.21	57.01	71.35	4
浙江	杭州	建德市	81.01	60.31	76.29	57.76	69.64	5
浙江	衢州	江山市	73.30	68.31	69.73	58.64	67.57	6
安徽	滁州	明光市	60.20	89.26	65.24	58.59	67.12	7
江苏	徐州	邳州市	79.55	64.77	68.91	52.50	66.64	8
浙江	金华	永康市	65.74	41.00	86.14	63.16	66.27	9
浙江	温州	乐清市	80.13	45.05	75.27	54.54	65.26	10
江苏	苏州	太仓市	67.42	54.68	73.05	60.66	64.87	11
浙江	台州	临海市	64.15	50.71	71.47	67.80	64.57	12
江苏	南通	启东市	68.34	51.08	75.33	56.91	64.13	13
江苏	盐城	东台市	65.08	73.49	70.24	46.77	63.73	14
浙江	台州	温岭市	79.17	41.59	70.37	56.57	63.36	15
江苏	泰州	兴化市	62.61	62.36	75.43	49.37	63.10	16
浙江	嘉兴	桐乡市	75.11	33.28	77.87	56.97	63.04	17
浙江	绍兴	诸暨市	80.76	39.54	73.28	50.88	62.80	18
江苏	镇江	丹阳市	72.92	46.14	76.16	49.46	62.67	19
江苏	无锡	宜兴市	72.47	40.38	71.61	59.62	62.58	20
安徽	宣城	宁国市	81.89	43.66	69.44	49.70	62.46	21

续　表

省	地级市	县级市（区）	生态禀赋指数	生态压力指数（标准化数据）	生态响应指数	生态效益指数	生态活力指数	排名
浙江	金华	兰溪市	61.94	53.14	74.93	54.48	62.21	22
安徽	宣城	广德市	69.50	61.80	64.85	50.98	61.94	23
江苏	南通	如皋市	71.95	40.56	73.28	54.36	61.67	24
浙江	绍兴	嵊州市	71.22	44.26	72.09	52.49	61.41	25
浙江	温州	瑞安市	66.67	42.83	72.52	55.39	60.84	26
江苏	泰州	靖江市	61.04	41.32	72.83	60.67	60.54	27
浙江	嘉兴	嘉善县	69.29	41.63	63.83	62.18	60.34	28
上海		奉贤区	69.80	26.22	77.78	57.01	60.28	29
浙江	嘉兴	海宁市	67.91	23.47	80.90	57.35	60.28	30

根据生态活力指数得分及排名数据可以看出（见表 2-2），上海崇明区、青浦区、奉贤区等 3 个城区入围前 30 名，占上海八大非中心城区 37.5％（见图 2-2）。其中青浦区排名第 1，相对靠前，这也是青浦区自 2019 年加入长三角生态绿色一体化发展示范区先行启动区以来，持续改善生态环境，创造最江南的生态城区的成效。青浦区的建成区绿地覆盖率在上海八大非中心城区中排名第 1，达到44.4％。另外工业废水排放量、化肥施用量、PM$_{2.5}$ 年均浓度均在 2023 年有所下降，下降率分别为 0.87％、10.06％、6.7％。浙江省 21 个中小城市里面，有 14 个中小城市进入前 30 名，占浙江省总中小城市比重为 66.67％，只有 7 个城市没有进入前 30 名。可见，浙江省中小城市在生态活力方面表现突出，该省在社会经济发展的同时，很好地兼顾了环境保护，高度践行了习近平总书记在浙江省安吉县做生态调研时提出的"两山"理论——"绿水青山就是金山银山"的理念。江苏省 22 个中小城市中 9 个城市进入前 30 名，占江苏省中小城市比重为 40.91％，差不多占前 30 个城市里面的 1/3，占比高于上海，低于浙江省。安徽省 9 个中小城市中有 4 个中小城市进入前 30 名，占安徽省中小城市比重为 44.44％，其中巢湖市生态活力指数在 60 个中小城市里面排名第 3，明光市的生态活力指数在60 个中小城市里面排名第 7。

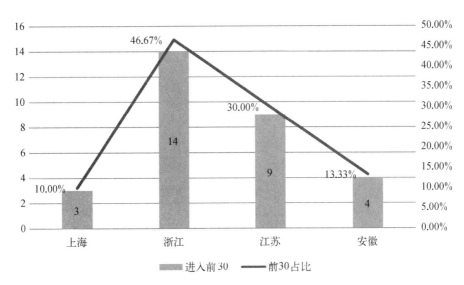

图 2‑2　长三角三省一市进入中小城市生态活力指数前 30 名占比情况

(二) 长三角中小城市生态活力指数与分指标分布态势分析

前面分析了长三角中小城市生态活力指数前 30 名的情况,本节计算并统计分析长三角中小城市 60 个城市的生态活力以及各分指标的分布态势。60 个中小城市的生态活力指数平均得分为 60.07,得分最高的是崇明区,分值为 75.08;得分较低的为无为市。60 个中小城市的生态活力指数得分的标准差为 6.49,表明 60 个城市的生态活力指数在分布上具有科学性和合理性。

我们把长三角中小城市生态活力指数按优(≥65)、良(65~60)、一般(60~55)、较弱(≤55)四个等级划分,得到长三角中小城市生态活力指数的分布态势。如表 2‑3 所示。

表 2‑3　长三角中小城市生态活力指数分布态势

生态活力指数	生态活力指数等级划分	生态活力指数均值	城市个数	城市分布
≥65	优	69.61	10	上海:崇明区、青浦区 江苏:邳州市 浙江:龙泉市、建德市、江山市、永康市、乐清市 安徽:巢湖市、明光市

续　表

生态活力指数	生态活力指数等级划分	生态活力指数均值	城市个数	城　市　分　布
65～60	良好	62.24	21	上海：奉贤区 江苏：太仓市、东台市、启东市、兴化市、丹阳市、宜兴市、如皋市、靖江市、仪征市 浙江：临海市、温岭市、桐乡市、诸暨市、兰溪市、嵊州市、瑞安市、嘉善县、海宁市 安徽：广德市、宁国市
60～55	一般	57.84	20	上海：金山区、闵行区 浙江：东阳市、平湖市、义乌市、玉环市、余姚市、慈溪市 江苏：新沂市、常熟市、泰兴市、张家港市、高邮市、溧阳市、句容市、江阴市、海安市 安徽：潜山市、天长市、桐城市
≤55	较弱	49.34	9	上海：松江区、宝山区、嘉定区 浙江：龙港市 江苏：吴江区、扬中市、昆山市 安徽：界首市、无为市

如图 2-3 所示,60 个长三角中小城市生态活力指数在优、良、一般、较弱四个等级上城市个数分布呈现正态分布态势。其中城市生态活力指数为优的 10 个,城市生态活力指数为良好的 21 个,城市生态活力指数为一般的 20 个,城市生态活力指数为较弱的 9 个。四个等级的生态活力均值分别对应为 69.61、62.24、57.84、49.34。60 个城市生态活力指数主要分布在良、一般的等级水平上,有 41 个城市,占总数比重为 68.33%。

生态活力指数及各分指数的描述性统计数据如表 2-4 所示。长三角 60 个中小城市生态禀赋指数均值为 65.79,最大得分是龙泉市,分为 82.65。长三角 60 个中小城市生态压力指数均值为 32.72,研究表明长三角中小城市中整体生态压力还处于生态环境能够承载的范围内,其中生态压力最大的城市是昆山市,得分为 52.89。生态压力最低的区域为崇明市,得分为 0.06,这与实际情况相符。长三角 60 个中小城市的生态响应指数均值为 71.24,研究表明,长三角地区城市在生态响应方面已经做得非常出色,分值相对最高,表明长三角地区在一体化高

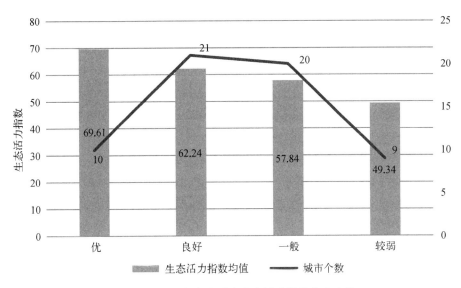

图 2 - 3　长三角中小城市生态活力指数分布态势

质量发展过程中,一直重视和坚持生态环境保护。60 个中小城市中,在生态响应方面做得最好的是永康市,分值达到 86.14 分。60 个中小城市在生态效益方面平均得分为 54.22,分值较低,表明长三角中小城市在这方面表现欠佳。其中生态效益得分最高的城市是临海市,分值为 67.80 分。四个分指标的数据显示(如图 2 - 4 所示),长三角中小城市需要进一步加强从生态响应转换成生态效益,将长三角中小城市生态优势转换成社会效益和经济效益,真正实现生态环境效益化。

表 2 - 4　长三角中小城市生态活力各分指数描述性统计

生态活力指数与各分指数	均　值	标准差	最小值	最大值
生态禀赋指数	65.79	12.57	4.17	82.65
生态压力指数	32.72	9.25	6.47	52.89
生态响应指数	71.24	8.029	36.33	86.14
生态效益指数	54.22	7.35	34.09	67.80
生态活力指数	60.07	6.49	41.13	75.08

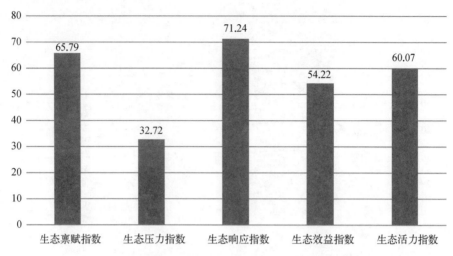

图 2-4　长三角中小城市生态活力指数及各分指数均值分布

（三）长三角中小城市生态活力指数三省一市对比分析

通过对长三角三省一市的生态活力指数及各分指数进行统计分析,得出上海 8 个非中心城区、江苏中小城市、浙江中小城市和安徽中小城市关于生态活力指数、生态禀赋指数、生态压力指数、生态响应指数、生态效益指数的情况如图 2-5 所示。研究结果发现,上海、江苏、浙江和安徽的中小城市的生态活力指数均值分别为 58.84、59.25、62.02、58.60。三省一市的生态活力指数的排名为:浙江、江苏、上海、安徽。三省一市相差并不大,浙江省的中小城市高于其他三个地区的中小城市。上海、江苏、浙江和安徽的中小城市的生态禀赋指数差异显著,三省一市的生态禀赋指数均值分别为 60.75、64.99、71.01、60.05。三省一市的生态禀赋指数排名:浙江、江苏、上海、安徽,排名顺序与生态活力指数的排名一致,但是生态禀赋指数在三省一市之间的差异较大。三省一市的生态压力指数均值分别为 37.08、43.10、42.02、53.34。数据显示,安徽省的生态压力明显高于其他三个省市,这与安徽省经济发展的产业结构有关。上海近些年在调整产业结构的过程中,大大降低了上海区域的生态压力。三省一市的生态压力指数排名为:安徽、江苏、浙江、上海。从生态响应指数方面来看,上海、江苏、浙江和安徽的生态响应指数均值分别为 78.82、70.71、72.24、63.48,三省一市的生态响应指数排名为:上海、浙江、江苏、安徽。三省一市在生态响应指数具有明显的异质性,上海在生态响应方面成绩突出,高于浙江省 6.58,高于江苏省 8.11,高于安徽 15.34。从生态效益方面来看,上海、江苏、浙江和安徽的中小城市的生态效益指数均值分别为 50.38、52.67、56.77、55.50,三省一市的生态效益指数的排名为:

浙江、安徽、江苏、上海。研究发现,上海在生态响应指数最高,均值为78.82,但上海在生态效益指数得分较低,得分为50.38,这表明上海在生态响应举措方面成绩凸显,但生态响应举措转换到生态效益方面欠佳。因此,上海未来的努力方向是要把生态响应举措转变成生态效益。安徽省在生态效益指数表现较好,排名第二,但安徽省在生态响应方面相对其他省市,排名较后,未来应当在生态响应举措方面加大力度,以获得更好的生态效益。

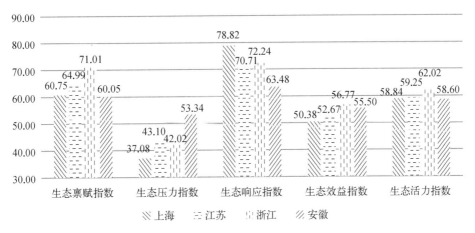

图 2-5　长三角三省一市生态活力指数和分指数对比分析

二、长三角中小城市生态活力指数影响机制

(一) 人口聚集与增长对生态环境的影响明显

在分析城市化过程中,其中一个重要的过程是人口城市化,即人口向城市聚集的过程。随着城市化进程的发展,人口不断涌进城市,这对城市的生态环境和资源环境都带来不可磨灭的影响。人们在生活过程中产生的垃圾和消耗的资源,不断地威胁着城市生态系统的安全。人口聚集与增长对生态环境带来的环境压力主要体现在以下几个方面:一是资源消耗增加。随着人口数量的增长,对自然资源的需求相应增加。这包括水资源、土地、矿产和能源等。二是环境污染加剧。大量人口聚集在城市等地区,工业活动、交通运输和居民生活产生的废气、废水和固体废物排放量大幅增加,造成空气、水体和土壤污染。三是生态系统破坏。为了满足居住、农业和工业用地需求,大量自然土地被转换为人工用途,导致森林砍伐、湿地干涸和生物栖息地丧失,进而影响生物多样性和生态系统服务功能。

合理控制人口增长、优化人口分布、提高资源使用效率、推行可持续的生产和消费模式、加强生态保护和恢复工作,对于减轻人口增长对生态环境带来的压力至关重要。本课题通过城市常住人口数量与生态活力指数的散点图来看二者的存在的相关关系。如图 2-6 所示,研究发现,常住人口数量越多的城市,生态活力指数相对较低,呈负相关关系,人口的增长与聚集对生态造成了一定的影响。

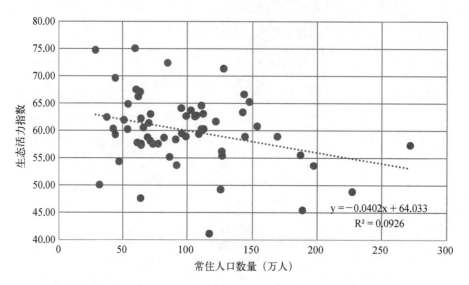

图 2-6 长三角中小城市生态活力指数与常住人口数量散点图分布

此外,课题组采用城市化率指标来分析城市化程度对城市生态环境的影响。采用人口城市化率,即城镇人口占总人口(包括农业与非农业)的比重来分析城市化水平对城市生态环境的影响。通过长三角 60 个中小城市的人口城市化率与生态活力指数的散点图发现,城市化率越高的城市,其生态活力指数越低(见图 2-7)。这一现象可以从城市的发展规律和生态环境的相互作用中得出解释。城市化的不同阶段,如集聚城镇化阶段、郊区化阶段、逆城市化阶段和再城市化阶段,都反映了城市发展与生态环境之间的复杂关系。在城市化加速推进的中期阶段,随着城市化水平的提高,可能会对生态环境造成一定的压力,这可能会影响到生态活力指数的表现。

(二) 产业结构转型缓解经济发展对环境带来的影响

1. 城市经济增长对生态环境产生影响

通过长三角中小城市 60 个中小城市 2023 年的 GDP 数据与生态活力指数的散点图可以看出(见图 2-8),城市经济增长越快的城市,即 GDP 越高的城市的生态活力指数越低。例如,昆山市的 2023 年 GDP 最高,高达 5 140.60 亿元,

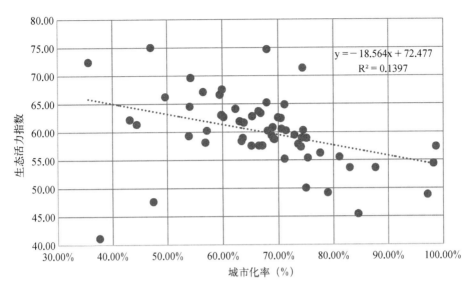

图 2-7 长三角中小城市生态活力指数与城市化率的散点分布图

但昆山市生态活力指数值较低。江阴市的 GDP 排名第二,GDP 为 4 960.51 亿元,但江阴市的生态活力指数排名第 50。城市的发展,尤其是经济增长,往往伴随着工业化和人口的增长,这可能会导致生态环境的压力增加,从而影响到生态活力指数。

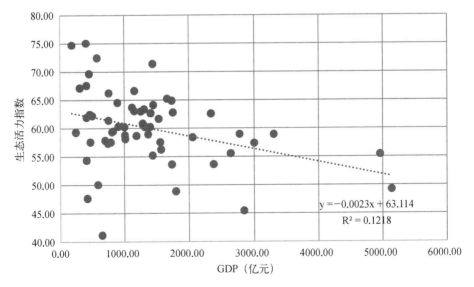

图 2-8 长三角中小城市的生态活力指数与 GDP 的散点图

2. 调整产业结构对改善生态环境起到积极作用

产业结构转型是指从以劳动密集型和资源密集型产业为主转向以技术密集型和服务导向型产业为主的过程,这一转型对于缓解经济发展给环境带来的压力具有重要意义。具体来说,产业结构转型能够通过以下方式减轻对环境的影响。一是提高资源利用效率。转型过程中,高技术和高附加值产业通常具有更高的资源利用效率,减少了原材料和能源的消耗,从而降低了环境污染和资源耗竭的风险。二是优化能源结构。随着产业结构升级,可再生能源和清洁能源在能源消费中的比例逐渐上升,减少了对化石燃料的依赖,有助于减缓气候变化和减少温室气体排放。三是减少高污染产业比重。传统的高污染产业如钢铁、化工等在产业结构中的比重下降,新发展的产业往往具有更低的污染排放,有利于改善环境质量。四是促进循环经济发展。产业结构转型伴随着循环经济理念的推广,通过废物回收利用、产品设计优化等方式,实现生产过程中资源的最大化利用和废弃物的减量化、无害化处理。五是推动服务业发展。服务业通常具有较低的能耗和排放强度,产业结构向服务业倾斜可以有效降低对环境的压力。六是增强环境保护意识。产业结构转型过程中,伴随着环保法规的完善和环保技术的发展,企业和消费者的环保意识得到提升,推动了整个社会向更加可持续的发展方向前进。

总之,产业结构转型有助于实现经济发展与环境保护的双赢局面,是实现绿色发展、建设生态文明的关键途径。当前长三角地区各城市正积极推进产业结构转型,改变产业结构,以改善生态环境,使得城市更加健康地、可持续地发展。

产业结构中的第一产业是指农、牧、林、渔业,研究发现第一产业比重较高的地方,一般农业较多,城市化发展水平会较低,这些城市生态活力指数相对较高,如图2-9所示。

第二产业是指制造业、采矿业、热力、电力、燃气、建筑业等。依据长三角60个中小城市生态活力指数与第二产业比重的散点图发现,城市第二产业比重越高的地方,其生态活力指数越低。因为第二产业的运行需要大量的自然资源,并且在生产过程中大量消耗化石能源、水资源等会产生大量的废气、废水、固体废物,这都会影响城市生态活力指数的表现(见图2-10)。调整产业结构,降低第二产业在运行和生产过程对环境的影响或者降低第二产业的比重能够提升城市生态活力指数。

第三产业,也被称为服务业,主要包括金融、教育、医疗、信息、旅游、娱乐、房地产等非制造和非农业的经济活动。第三产业与生态环境之间的关系并非一成不变,而是取决于具体的行业类型、管理方式和技术水平。通过采用环保技术和

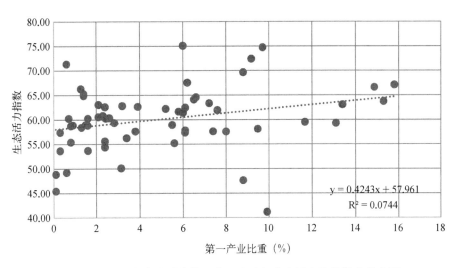

图 2‑9　长三角中小城市第一产业比重与生态活力指数散点分布图

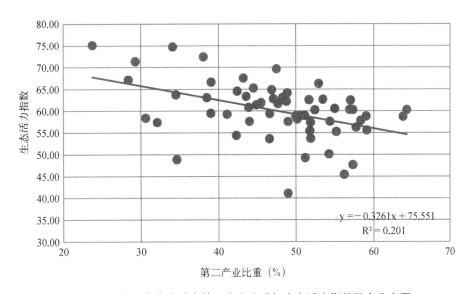

图 2‑10　长三角中小城市第二产业比重与生态活力指数散点分布图

管理措施,大力发展第三产业可以减少对环境的负面影响,甚至成为促进生态环境保护的重要力量。例如,推广绿色建筑,发展低碳旅游,利用信息技术优化资源利用,都是第三产业与生态环境和谐共生的体现。

从长三角 60 个中小城市的生态活力指数与第三产业比重的散点图发现(见图 2‑11),长三角中小城市的第三产业对生态环境起到了促进环境的保护和改善的作用,因为数据显示第三产业比重越高的城市,生态活力指数越高。长三角中小城市主要通过提供绿色服务,经济转型,发展第三产业。尤其是高附加值的服务业,有助于经济从高污染、高能耗的产业向低碳经济转型,减少对环境的依赖和破坏。

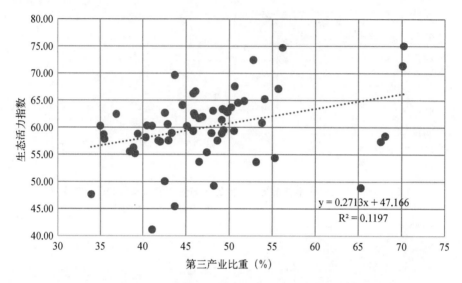

图 2 - 11　长三角中小城市第三产业比重与生态活力指数散点分布图

(三) 人民生活水平的提高对生态环境提出更高要求

随着生活水平的提高,人们对美好的生态环境的需求日趋强烈,表现在对环境质量要求提升,人们对清新空气、干净水源、安静环境的需求增加,希望生活在一个无污染、低噪音、环境优美的地方;更加关注食品安全,更加注重食品的安全性和营养价值,对农药残留、添加剂使用等问题更加敏感;追求更加健康生活方式,比如人们开始重视身体健康,倾向于选择绿色、有机的生活方式和产品,减少对环境可能造成负面影响的消费行为;环保意识增强,对生态产品和服务需求逐步增长,比如对生态旅游、绿色建筑、可再生能源等生态产品和服务有了更大的需求;环境参与意识加强,人们不再是被动接受环境变化的对象,而是积极参与到环境保护行动中,通过环保组织、社区活动等方式表达自己对环境问题的关注和诉求;可持续发展理念普及,人们开始认识到经济发展不能以牺牲环境为代价,强调经济、社会、环境三者协调发展,支持可持续发展政策和项目。

基于上述现状以及人民的美好愿景,即生活水平越高的城市,人民对生态环境的要求和期盼也越高,希望拥有更好的生活环境。课题组通过居民人均可支配收入来分析城市生活水平与城市生态活力的关系(见图 2 - 12)。数据显示,长三角 60 个中小城市的居民人均可支配收入与生态活力指数关系呈负相关关系,也就是在居民人均可支配收入高的城市,生态活力指数相对较低,数据表明,目前的环境现状未能满足人们对美好生态环境的需求。

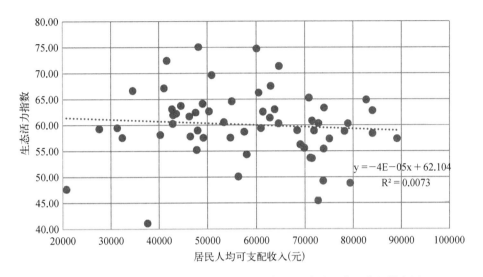

图 2－12　长三角中小城市生态活力指数与居民人均可支配收入散点图

　　从长三角中小城市生态活力指数与城市居民人均可支配收入散点图来看,长三角中小城市未来发展过程中,要坚持高质量发展,保护生态环境,提高环境质量以满足人民对美好生态环境的向往。因此,为了适应这些更高的环境要求,政府和社会各界需要采取行动,包括加强环境立法和监管、推广绿色技术和产品、提高资源利用效率、实施生态补偿机制、开展环境教育和宣传等。通过这些措施,可以促进生态环境的持续改善,满足人民群众日益增长的美好生活需要。

三、长三角中小城市生态活力指数报告结论与建议

(一) 结论

　　60 个中小城市的生态活力指数均值为 60.07,长三角中小城市总体生态环境较好,达到中等水平,这与长三角地区重视生态环境保护,坚持在开发中保护、在保护中开发的原则有很大关系。长三角城市良好的生态环境基础是长三角一体化高质量发展的基础,是实现长三角一体化高质量国家战略发展的底色。60个中小城市(区)中,崇明区的生态活力指数最高,达到 75.08。主要体现在崇明区具有良好的生态禀赋资源,拥有 4 个国家级湿地和森林公园,特别注重节能环保事业,节能环保财政支出占 GDP 比重达 2.85%,位居 60 个中小城市之首;同

时崇明区的汽车保有量较低,人口密度相对较低,使得崇明区的生态压力最小,生态活力指数最高。

上海、江苏、浙江和安徽的生态活力指数均值分别为58.84、59.25、62.02、58.60,三省一市的生态活力指数差异不明显,浙江省的中小城市高于其他三个地区的中小城市(区)。从生态禀赋指数看,上海、江苏、浙江和安徽中小城市的生态禀赋指数差异较大,三省一市的均值分别为60.75、64.99、71.01、60.05。浙江省生态禀赋优势明显,江苏省略高于旗鼓相当的上海市和安徽省,上海市仅以极其微弱优势高于安徽省。上海、江苏、浙江和安徽的生态压力指数均值分别为37.08、43.10、42.02、53.34。安徽省的生态压力明显高于其他三个省市,这与安徽省经济发展的产业结构有着很大关系。近些年,上海积极调整产业结构,大大降低了上海区域的生态压力,尤其是崇明区生态压力最小。生态响应指数方面,上海、江苏、浙江和安徽的生态响应指数均值分别为78.82、70.71、72.24、63.48,上海市非中心城区在生态响应指数方面表现突出,浙江省与江苏省在生态响应综合实力上较为接近,安徽省的中小城市则展现出较大的发展潜力。生态效益方面,上海、江苏、浙江和安徽的中小城市的生态效益指数均值分别为50.38、52.67、56.77、55.50,差异不大,上海、江苏略低于浙江和安徽。

随着城市化进程的发展,人口不断涌进城市,对城市的生态环境和资源环境都带来了很大的影响。人们在生活过程中产生的垃圾和消耗的资源,都会对城市生态系统产生影响。因此,合理控制人口增长、优化人口分布、提高资源使用效率、推行可持续的生产和消费模式、加强生态保护和恢复工作,对于减轻人口增长对生态环境带来的压力至关重要。调整产业结构对提高城市发展质量具有重大作用。结合第二产业比重与生态活力指数数据,发现长三角中小城市的经济发展,尤其是工业发展仍然对生态环境造成了巨大影响,要达到高质量高水平的发展,对环境搅动降到最低的高质量绿色发展方式仍有待进一步挖掘。现在,随着人们生活水平的提高,对美好的生态环境的需求越强烈,呼吁越高。而课题组的数据显示,居民人均可支配收入越高、生活条件越好的城市的生态活力指数越低。目前的生态环境状况未能满足人民对美好生态环境的需求。

通过分析各指标数据及生态活力指数,可以发现浙江省没有特别明显的短板,节能环保支出占GDP比重可以进一步提升;安徽省的短板在于燃气普及率不高,未来中小城市的发展应注重提升燃气普及率;江苏省的短板在于节能环保事业投入不够突出,未来要加大环境保护投资力度,提高城市生态活力,激发城市活力。上海市非中心城区的短板在于建成区绿化覆盖率方面不够,未来要继续提高城市建成区绿化面积,为居民提供一个更加宜居、更加绿色的居住空间。

（二）建议

根据生态活力指数研究结论和城市生态环境发展规律，为了进一步激发城市的生态活力，可以采取以下措施。

从生态禀赋维度来看，上海应注重生态禀赋方面的建设，注重生物多样性和生态市（区）等级的提升；江苏省应加强空气质量的提升，其中邳州市应发挥好模范带头作用，邳州市在生态禀赋上表现突出，尤其在生活用水、生物种类以及整个城市生态环境的建设方面取得优异成绩，可将成功经验与其他省份城市分享；浙江省整体表现优良，应继续保持生态禀赋的均衡发展；安徽省应全面提升生态禀赋建设，尤其在集中式饮用水源地水质方面亟待加强治理，同时，界首市应尽快补足短板，缩小与其他城市的较大差距。

从生态响应程度与生态效益维度看，上海的生态响应指数最高，均值为78.82，但上海在生态效益指数得分较低，得分为50.38，表明上海在生态响应举措方面成绩凸显，但生态响应举措转换到生态效益方面欠佳。因此，上海未来的努力方向是要把生态响应举措转变成生态效益，实现生态效益最大化，造福上海人民。安徽省在生态效益指数表现较好，排名第二，但安徽省在生态响应方面相对其他省市，排名较后。因此，未来安徽省应当在生态响应举措方面加大力度，以获得更好的生态效益。

随着人们生活水平的提高，大家对美好生态环境的需求更加迫切。目前长三角中小城市的生态环境状况未能满足人民群众对美好环境的需求，建议相关政府加大对环境保护和提高生态环境质量的扶持力度，为人们创建一个美好的家园，既要金山银山，也要绿水青山。产业结构转型对于缓解经济发展给环境带来的压力具有重大作用，建议各中小城市（区）在保证经济发展的同时尽可能培育环境友好型产业，发展创新科技推动经济发展，使得经济社会发展对生态环境的搅动降到最低，实现在保护中发展，在发展中保护。例如，可以通过优化能源结构、强化脱硫技术等措施，提升排放标准；完善废水处理设施，推行循环经济。

60个中小城市建成区绿化覆盖率整体良好，绝大部分城市都高于40%。上海市非中心城区在这项指标上表现欠佳，有的区甚至不足30%，建议相关城市（区）增加绿地面积，可以通过建设公园、花园、绿道等措施，给市民提供更多接触自然的空间，同时也为城市的各类动物提供栖息地。比如种植树木和花卉等，不仅可以美化城市环境，还能改善空气质量，提供荫凉，减少城市热岛效应。60个长三角中小城市中有45个城市的城镇生活污水集中处理率高于96%。浙江省和上海市平均值已达97%以上，安徽省位列第三。江苏省城镇生活污水集中处理率平均值最低，标准差最大，说明江苏省各中小城市之间这一指标值相差较大,有一部分城市该指标值偏低。因此,建议江苏省加强生态水管理,恢复和保护城市河流、湖泊和湿地,以维持水生态系统的健康,同时为城市居民提供休闲娱乐场所。

建议相关城市重视生物多样性保护,保护本土物种,防止外来入侵物种的扩散,维护生态平衡。推动全民参与环保行动,保护美丽家园——地球。可以通过积极发展绿色交通,鼓励步行、自行车出行和公共交通,减少汽车尾气排放,降低城市污染。鼓励社区参与,组织居民参与城市绿化和环境保护活动,提高公众环保意识,共同促进城市生态活力的提升。

（作者：王桂林）

分项报告

第三章

长三角中小城市生态禀赋指数报告

一、长三角中小城市生态禀赋指数指标体系

生态禀赋是一个地区在自然环境方面所固有的优势和潜力,包括土地、水资源、森林、矿产、气候等自然资源的丰富程度和质量。

在国家层面,生态文明建设已成为国家战略,生态禀赋的保护和利用受到高度重视。生态禀赋丰富的地区通常拥有更多样化的自然资源,如水资源、森林资源、矿产资源等,这些资源是地区经济发展的重要物质基础。同时,良好的生态禀赋有助于维护生态平衡,保护生物多样性,确保生态系统的健康运行。生态禀赋还是地区实现可持续发展的基础条件之一。通过科学合理的规划和利用方式,可以实现生态资源的可持续利用,推动地区经济的绿色转型和可持续发展。生态禀赋的保护和利用不仅可以促进经济发展,还可以带来广泛的社会效益,如改善人居环境、提高生活质量、增强民众健康等。因此,生态禀赋在地区经济发展、生态平衡、可持续发展、社会效益和国家战略等方面都具有重要作用。保护和利用好生态禀赋是实现地区绿色发展和可持续发展的重要保障。对生态禀赋的研究在整个生态活力体系中至关重要。

生态禀赋指数具体包括四个指标:空气质量达标率、集中式饮用水源地水质达标率、生物多样性和生态市(区)等级(见表3-1)。

表 3-1　生态禀赋指标

	空气质量达标率
生态禀赋	集中式饮用水源地水质达标率
	生物多样性
	生态市(区)等级

二、长三角中小城市生态禀赋指数指标说明

(一) 空气质量达标率

指标说明：空气质量达标率是评估一个地区空气质量好坏的重要指标。它通常基于空气质量指数（AQI）来计算，表示空气质量达到或优于国家空气质量标准的天数占全年总天数的比例。

计算方法：（空气质量达到或优于标准的天数/全年总天数）×100%

指标单位：%

指标性质：正向

数据周期：2023 年

数据来源：各省、地级市、县级市政府统计公报和政府工作报告

(二) 集中式饮用水源地水质达标率

指标说明：集中式饮用水源地水质达标率是一个重要的环境指标，它反映了饮用水源地的水质是否达到相关标准，从而保障居民饮用水的安全。

计算方法：（城镇饮用水水源地达到标准水质的水量/城镇取水总量）×100%

指标单位：%

指标性质：正向

数据周期：2023 年

数据来源：各省、地级市、县级市政府统计公报和政府工作报告

(三) 生物多样性

指标说明：生物多样性是指生物（动物、植物、微生物）与环境形成的生态复合体以及与此相关的各种生态过程的总和。它描述城市中所有生物种类和生态系统的多样性。因生物多样性数据难以获得，故用适合生物栖息的湿地和森林公园数量来表征。

计算方法：代表性湿地数量＋代表性森林公园数量

指标单位：个

指标性质：正向

数据周期：2023 年

数据来源：各省、地级市、县级市政府官网以及各市（区）相关管理部门的政府官网

(四) 生态市(区)等级

指标说明：生态市是一个涉及社会、经济、自然等多个方面，以生态学原理

为指导,追求人与自然和谐共生、经济与环境协调发展的新型城市形态。生态市(区、县)分为国家级、省级,还有暂时没被评选上的。

计算方法:国家生态环境部正式命名的国家生态市(区、县)用 2 级表征,省级生态市(区、县)用 1 级表征,没有被评选上的用 0 级表征

指标单位:级

指标性质:正向

数据周期:2024 年 5 月底

数据来源:各省、地级市、县级市政府官网以及各市(区)相关管理部门的政府官网

三、长三角中小城市生态禀赋指数指标权重

本报告采用空气质量达标率、集中式饮用水源地水质达标率、生物多样性、生态市(区)等级四个指标数据评估长三角中小城市生态禀赋指数。本课题均采用主观赋权的方法对四个指标权重赋权。鉴于城市的空气、水质、生物多样性、生态等级对生态禀赋具有同等重要的影响,故将各个指标权重值均设为 0.25(见表 3 - 2)。

表 3 - 2　指标权重

指　　标	权　重	指　　标	权　重
空气质量达标率	0.25	集中式饮用水源地水质达标率	0.25
生物多样性	0.25	生态市(区)等级	0.25

四、长三角中小城市生态禀赋指数排名分析

(一) 长三角中小城市生态禀赋指数排名

整体来看,长三角中小城市生态禀赋指数差距较大,指数平均值是 65.79,最大值是 82.65(龙泉市),最小值是 4.17(界首市)。

表 3 - 3 显示生态禀赋指数前 30 名的城市及其得分。图 3 - 1 显示生态禀赋指数前 15 名城市及其得分。生态禀赋指数前 15 名的城市分别是龙泉市、宁国市、建德市、诸暨市、乐清市、邳州市、义乌市、温岭市、巢湖市、平湖市、桐城市、桐乡市、江山市、丹阳市、宜兴市。

表 3-3 生态禀赋指数前 30 名城市

省(直辖市)	地级市	县级市(区)	生态禀赋指数	排名
浙江	丽水	龙泉市	82.65	1
安徽	宣城	宁国市	81.89	2
浙江	杭州	建德市	81.01	3
浙江	绍兴	诸暨市	80.76	4
浙江	温州	乐清市	80.13	5
江苏	徐州	邳州市	79.55	6
浙江	金华	义乌市	79.19	7
浙江	台州	温岭市	79.17	8
安徽	合肥	巢湖市	77.21	9
浙江	嘉兴	平湖市	76.46	10
安徽	安庆	桐城市	76.10	11
浙江	嘉兴	桐乡市	75.11	12
浙江	衢州	江山市	73.30	13
江苏	镇江	丹阳市	72.92	14
江苏	无锡	宜兴市	72.47	15
江苏	南通	如皋市	71.95	16
上海		崇明区	71.80	17
上海		青浦区	71.56	18
浙江	绍兴	嵊州市	71.22	19
安徽	安庆	潜山市	71.16	20
上海		闵行区	71.11	21

续 表

省(直辖市)	地级市	县级市(区)	生态禀赋指数	排名
上海		金山区	70.00	22
上海		奉贤区	69.80	23
浙江	宁波	慈溪市	69.80	24
安徽	宣城	广德市	69.50	25
浙江	金华	东阳市	69.39	26
浙江	嘉兴	嘉善县	69.29	27
江苏	南通	启东市	68.34	28
浙江	嘉兴	海宁市	67.91	29
江苏	苏州	常熟市	67.55	30

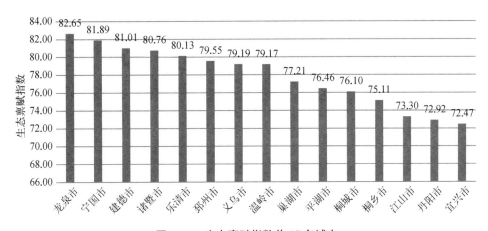

图 3-1 生态禀赋指数前 15 名城市

(二)长三角中小城市生态禀赋指数分省分析

从生态禀赋指数分省平均值(见图 3-2)来看,最高的是浙江省,得分为71.01。第 2 名是江苏省,得分为 64.99。第 3 名是上海市,得分为 60.75。排名最后的是安徽省,得分为 60.05。可见,长三角三省一市在生态禀赋方面的差距较大,浙江省具有明显优势,江苏省略高于旗鼓相当的上海市和安徽省,上海市仅以极其微弱优势高于安徽省。

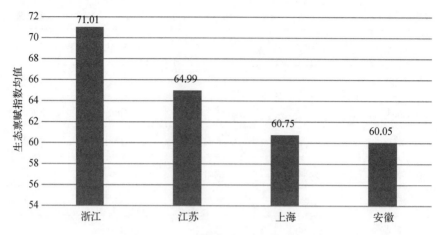

图 3-2　生态禀赋指数分省平均值

(三)长三角中小城市生态禀赋指数分布态势

把长三角中小城市生态禀赋指数按优、良、一般、弱四个等级划分,得到长三角中小城市生态禀赋指数的分布态势(见表3-4)。

表 3-4　长三角中小城市生态禀赋指数分布态势

生态禀赋指数	生态禀赋指数等级划分	生态禀赋指数均值	城市个数	城　市　分　布
≥80	优	81.29	5	龙泉市、宁国市、建德市、诸暨市、乐清市
80~67	良	72.1	27	邳州市、义乌市、温岭市、巢湖市、平湖市、桐城市、桐乡市、江山市、丹阳市、宜兴市、如皋市、崇明区、青浦区、嵊州市、潜山市、闵行区、金山区、奉贤区、慈溪市、广德市、东阳市、嘉善县、启东市、海宁市、常熟市、泰兴市、太仓市
67~50	一般	62.61	21	海安市、瑞安市、吴江区、永康市、东台市、高邮市、玉环市、张家港市、临海市、溧阳市、余姚市、仪征市、昆山市、兴化市、兰溪市、句容市、靖江市、明光市、扬中市、江阴市、无为市
≤50	弱	39.91	7	龙港市、天长市、新沂市、嘉定区、松江区、宝山区、界首市

长三角60个中小城市生态禀赋指数在优、良、一般、弱四个等级上的城市个数呈现近似正态分布态势(见图3-3)。四个等级的生态禀赋指数的城市个数

分别为 5 个、27 个、21 个和 7 个。四个等级的生态禀赋指数均值分别对应为 81.29、72.10、62.61、39.91。60 个中小城市生态禀赋指数主要分布在良、一般的等级水平上，占总数的比重为 80%。

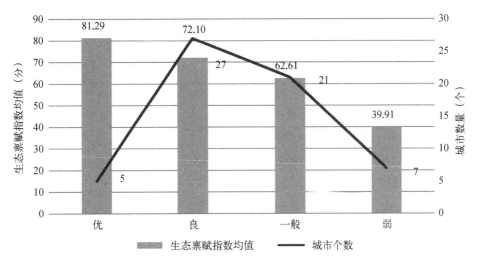

图 3‐3　长三角中小城市生态禀赋指数分布态势

（四）长三角中小城市生态禀赋指数与各指标相关分析

长三角中小城市生态禀赋指数与各指标相关分析见图 3‐4 至图 3‐8。

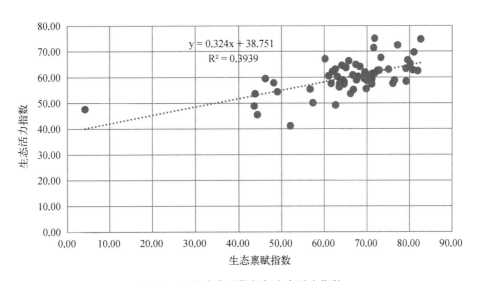

图 3‐4　生态禀赋指数与生态活力指数

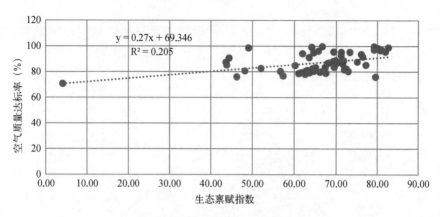

图3-5 生态禀赋指数与空气质量达标率

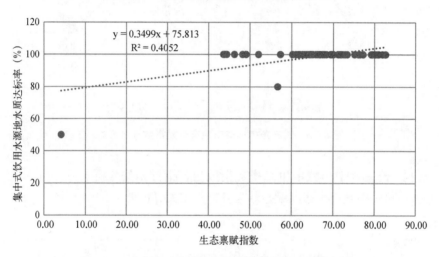

图3-6 生态禀赋指数与集中式饮用水源地水质达标率

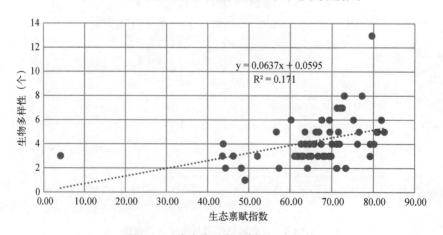

图3-7 生态禀赋指数与生物多样性

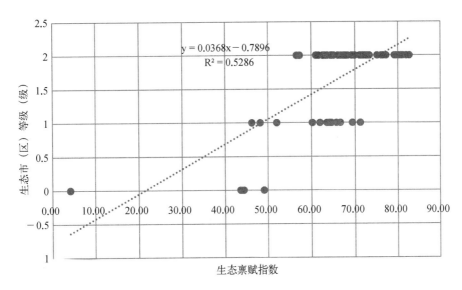

图 3-8　生态禀赋指数与生态市(区)等级

　　综上所述,空气质量越好,集中式饮用水源地水质越好,生物多样性越丰富,生态市(区)等级越高,城市生态禀赋越好,生态活力越强。生态禀赋越好的城市,可以提供的自然资源越充足,生态环境优势越明显;生态禀赋对整个城市的影响极为重要,深刻影响城市的空气、水、生物,以及整个城市的生态系统,而这些会直接影响人的身体健康和生活品质,更会影响整个社会的可持续发展。

(五) 长三角中小城市生态禀赋聚类分析

1. 长三角中小城市生态禀赋聚类结果

　　对长三角中小城市生态禀赋指数进行聚类分析,可以总结出各类中小城市生态禀赋的共同特质。本章节采取组内平方和误差的方法确定最佳聚类数(见图 3-9),再进行聚类分析(见图 3-10)。

　　由图 3-9 可以看出,当聚类数目在 1~5,组内平方和值快速下降;当聚类数目从 5 开始,组内平方和值下降速度变缓,表明进一步增加聚类数目并不能增强聚类效果。因此,可以确定最佳聚类数为 5。

　　图 3-10 为长三角中小城市生态禀赋指数可视化聚类图,具体城市聚类统计信息如表 3-5 所示。

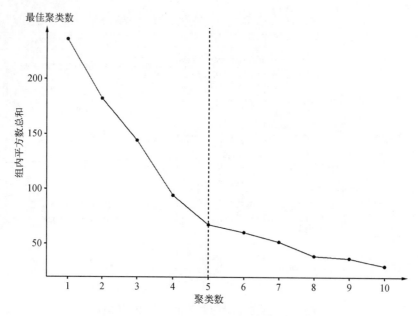

图 3‑9 用组内平方和方式确定最佳聚类数

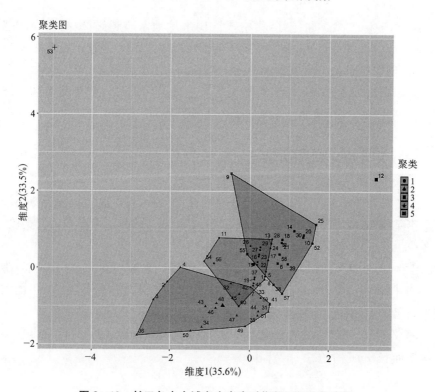

图 3‑10 长三角中小城市生态禀赋指数可视化聚类图

表 3-5　长三角中小城市生态禀赋聚类结果

类　别	城　　　市
聚类 1	闵行区、金山区、奉贤区、崇明区、新沂市、溧阳市、张家港市、昆山市、太仓市、启东市、东台市、仪征市、高邮市、扬中市、句容市、兴化市、靖江市、慈溪市、海宁市、嘉善县、天长市、无为市、潜山市
聚类 2	宝山区、嘉定区、松江区、建德市、余姚市、瑞安市、乐清市、龙港市、诸暨市、嵊州市、兰溪市、义乌市、东阳市、永康市、江山市、玉环市、温岭市、临海市、龙泉市、桐城市
聚类 3	邳州市
聚类 4	界首市
聚类 5	青浦区、江阴市、宜兴市、常熟市、吴江区、如皋市、海安市、丹阳市、泰兴市、平湖市、桐乡市、巢湖市、明光市、广德市、宁国市

2. 长三角中小城市生态禀赋聚类结果分析

聚类 1 的中小城市一共有 23 个,包括闵行区、金山区、奉贤区、崇明区、新沂市、溧阳市、张家港市、昆山市、太仓市、启东市、东台市、仪征市、高邮市、扬中市、句容市、兴化市、靖江市、慈溪市、海宁市、嘉善县、天长市、无为市、潜山市。这一聚类囊括了 4 个上海市非中心城区、13 个江苏省中小城市、3 个浙江省中小城市、3 个安徽省中小城市。在聚类 1 的区间里,江苏省中小城市数量占主体,上海市非中心城区数量占一半。

聚类 2 的中小城市一共有 20 个,包括宝山区、嘉定区、松江区、建德市、余姚市、瑞安市、乐清市、龙港市、诸暨市、嵊州市、兰溪市、义乌市、东阳市、永康市、江山市、玉环市、温岭市、临海市、龙泉市、桐城市。这一聚类囊括了 3 个上海市非中心城区、16 个浙江省中小城市、1 个安徽省中小城市。在聚类 2 的区间里,浙江省数量占主体,上海市接近一半的非中心城区在此聚类区间里。

聚类 3 只有江苏省邳州市。之所以被单独聚为一类是因为邳州市在生态禀赋这一指标上表现突出,在集中式饮用水源地水质达标率达到 100%;在生物多样性方面排名第一,并与第二名差距显著;在生态市(区)等级方面并列第一。表明邳州市更重视生活用水、生物种类以及整个城市生态环境的建设与发展。

聚类4只有安徽省界首市。之所以被单独聚为一类是因为界首市生态禀赋指数较其他城市差距最大,它在空气质量达标率、集中式饮用水源地水质达标率、生态市(区)等级方面均排名最后,在生物多样性方面排名倒数第三,表明界首市在生态禀赋方面具有巨大的挑战和提升空间。

聚类5的中小城市一共有15个,包括青浦区、江阴市、宜兴市、常熟市、吴江区、如皋市、海安市、丹阳市、泰兴市、平湖市、桐乡市、巢湖市、明光市、广德市。在聚类5的区间里,1个上海市非中心城区、8个江苏省中小城市、2个浙江省中小城市,4个安徽省中小城市。在聚类5的区间里,江苏省占超过一半的数量,安徽省接近一半的城市在此聚类区间里。

五、长三角中小城市生态禀赋指数各指标排名分析

(一)空气质量达标率

空气质量达标率这项指标的平均值是87.11%,最大值是99.7%(瑞安市、温岭市),最小值是70.6%(界首市)。

表3-6显示了空气质量达标率前30名的城市,图3-11显示空气质量达标率前15名城市及其得分。空气质量达标率前15名的城市分别是瑞安市、温岭市、临海市、龙泉市、龙港市、乐清市、义乌市、建德市、诸暨市、永康市、东阳市、宁国市、嵊州市、江山市、玉环市。

表3-6 空气质量达标率前30名城市

省(直辖市)	地级市	县级市(区)	空气质量达标率(%)	排名
浙江	温州	瑞安市	99.7	1
浙江	台州	温岭市	99.7	2
浙江	台州	临海市	99.2	3
浙江	丽水	龙泉市	98.9	4
浙江	温州	龙港市	98.6	5
浙江	温州	乐清市	98.4	6
浙江	金华	义乌市	97.3	7
浙江	杭州	建德市	97	8

省(直辖市)	地级市	县级市(区)	空气质量达标率(%)	排名
浙江	绍兴	诸暨市	96.7	9
浙江	金华	永康市	96.2	10
浙江	金华	东阳市	95.6	11
安徽	宣城	宁国市	95.6	12
浙江	绍兴	嵊州市	95.3	13
浙江	衢州	江山市	95.3	14
浙江	台州	玉环市	94.9	15
浙江	金华	兰溪市	94.2	16
安徽	安庆	桐城市	93.7	17
安徽	安庆	潜山市	92.8	18
浙江	嘉兴	平湖市	91.7	19
浙江	宁波	余姚市	91.2	20
上海		嘉定区	90.7	21
上海		奉贤区	88.8	22
浙江	宁波	慈溪市	88.8	23
上海		崇明区	88.7	24
浙江	嘉兴	嘉善县	88.2	25
上海		闵行区	87.9	26
浙江	嘉兴	桐乡市	87.7	27
上海		宝山区	87.4	28
江苏	南通	启东市	87.1	29
上海		金山区	86.6	30

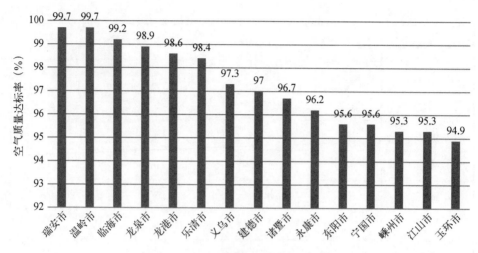

图 3-11　空气质量达标率前 15 名城市

从空气质量达标率分省平均值(见图 3-12)来看,最高的是浙江省,平均空气质量达标率为 94.82%。第 2 名是上海市,平均空气质量达标率为 87.66%。第 3 名是安徽省,平均空气质量达标率为 85.53%。排名最后的是江苏省,平均空气质量达标率为 80.2%。可见,长三角三省一市在空气质量达标率上面,浙江省最具优势,上海略高于安徽省,江苏省提升空间最大。

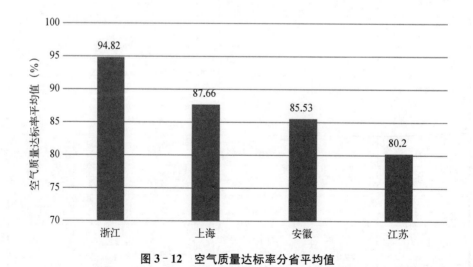

图 3-12　空气质量达标率分省平均值

空气质量达标率与生态活力指数关系见图 3-13。

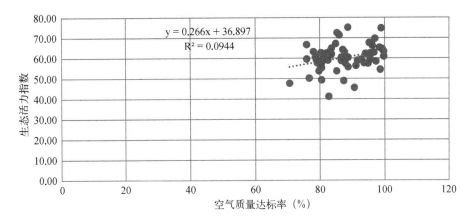

图 3-13　空气质量达标率与生态活力指数

　　综上所述,空气质量达标率越高,生态禀赋越好,生态活力越强。可见,一座城市的空气质量越好,不仅对生态环境有着直接的影响,还对其生态活力的激发有着促进作用。

(二) 集中式饮用水源地水质达标率

　　集中式饮用水源地水质达标率这项指标的平均值是 98.83%,最大值是100%,最小值是 50%。表 3-7 显示了集中式饮用水源地水质达标率 100% 的城市。

表 3-7　集中式饮用水源地水质达标率 100% 的城市

省(直辖市)	地级市	县级市(区)	集中式饮用水源地水质达标率(%)
上海		闵行区	100
上海		宝山区	100
上海		嘉定区	100
上海		松江区	100
上海		金山区	100
上海		青浦区	100
上海		奉贤区	100

续 表

省(直辖市)	地级市	县级市(区)	集中式饮用水源地水质达标率(%)
上海		崇明区	100
江苏	无锡	宜兴市	100
江苏	徐州	新沂市	100
江苏	徐州	邳州市	100
江苏	常州	溧阳市	100
江苏	苏州	常熟市	100
江苏	苏州	张家港市	100
江苏	苏州	昆山市	100
江苏	苏州	太仓市	100
江苏	苏州	吴江区	100
江苏	南通	启东市	100
江苏	南通	如皋市	100
江苏	南通	海安市	100
江苏	盐城	东台市	100
江苏	扬州	仪征市	100
江苏	扬州	高邮市	100
江苏	镇江	丹阳市	100
江苏	镇江	扬中市	100
江苏	镇江	句容市	100
江苏	泰州	兴化市	100
江苏	泰州	靖江市	100
江苏	泰州	泰兴市	100

省(直辖市)	地级市	县级市(区)	集中式饮用水源地水质达标率(%)
浙江	杭州	建德市	100
浙江	宁波	余姚市	100
浙江	宁波	慈溪市	100
浙江	温州	瑞安市	100
浙江	温州	乐清市	100
浙江	温州	龙港市	100
浙江	嘉兴	海宁市	100
浙江	嘉兴	平湖市	100
浙江	嘉兴	桐乡市	100
浙江	嘉兴	嘉善县	100
浙江	绍兴	诸暨市	100
浙江	绍兴	嵊州市	100
浙江	金华	兰溪市	100
浙江	金华	义乌市	100
浙江	金华	东阳市	100
浙江	金华	永康市	100
浙江	衢州	江山市	100
浙江	台州	玉环市	100
浙江	台州	温岭市	100
浙江	台州	临海市	100
浙江	丽水	龙泉市	100
安徽	合肥	巢湖市	100

续　表

省(直辖市)	地级市	县级市(区)	集中式饮用水源地水质达标率(%)
安徽	滁州	天长市	100
安徽	滁州	明光市	100
安徽	芜湖	无为市	100
安徽	宣城	宁国市	100
安徽	宣城	广德市	100
安徽	安庆	桐城市	100
安徽	安庆	潜山市	100

　　从集中式饮用水源地水质达标率分省平均值(见图3-14)来看,并列第一的是上海市和浙江省,平均集中式饮用水源地水质达标率为100%。第二名为江苏省,平均集中式饮用水源地水质达标率为99.09,排名最后的是安徽省,平均集中式饮用水源地水质达标率为94.44。可见,长三角三省一市在集中式饮用水源地水质达标率方面,上海市和浙江省表现突出,达标率均为100%,江苏省紧跟其后,安徽省明显低于其他省市。

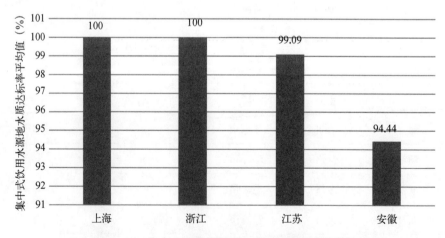

图3-14　集中式饮用水源地水质达标率分省平均值

　　集中式饮用水源地水质达标率与生态活力指数关系见图3-15。

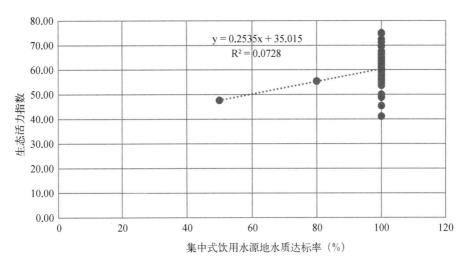

图 3‑15　集中式饮用水源地水质达标率与生态活力指数

综上所述,集中式饮用水源地水质达标率越高,其生态活力越强。饮用水是人赖以生存的最重要的物质基础,饮用水的质量不仅直接影响人的身体和健康,更是生态活力的重要体现。

(三) 生物多样性

生物多样性这项指标的平均值是 4.25 个,最大值是 13 个,最小值是 1 个。表 3‑8 显示了生物多样性前 35 名的城市(第 30 名到第 35 名数量相同,因此作并列处理),图 3‑16 显示了生物多样性前 22 名的城市。生物多样性前 22 名的城市分别是邳州市、丹阳市、巢湖市、宜兴市、如皋市、嵊州市、常熟市、泰兴市、桐乡市、东阳市、明光市、宁国市、青浦区、江阴市、吴江区、海安市、建德市、余姚市、平湖市、诸暨市、龙泉市、广德市。

表 3‑8　生物多样性前 35 名城市

省(直辖市)	地级市	县级市(区)	生物多样性(个)	排名
江苏	徐州	邳州市	13	1
江苏	镇江	丹阳市	8	2
安徽	合肥	巢湖市	8	3
江苏	无锡	宜兴市	7	4

省(直辖市)	地级市	县级市(区)	生物多样性(个)	排名
江苏	南通	如皋市	7	5
浙江	绍兴	嵊州市	7	6
江苏	苏州	常熟市	6	7
江苏	泰州	泰兴市	6	8
浙江	嘉兴	桐乡市	6	9
浙江	金华	东阳市	6	10
安徽	滁州	明光市	6	11
安徽	宣城	宁国市	6	12
上海		青浦区	5	13
江苏	无锡	江阴市	5	14
江苏	苏州	吴江区	5	15
江苏	南通	海安市	5	16
浙江	杭州	建德市	5	17
浙江	宁波	余姚市	5	18
浙江	嘉兴	平湖市	5	19
浙江	绍兴	诸暨市	5	20
浙江	丽水	龙泉市	5	21
安徽	宣城	广德市	5	22
上海		闵行区	4	23
上海		松江区	4	24
上海		金山区	4	25
上海		崇明区	4	26

续　表

省（直辖市）	地级市	县级市（区）	生物多样性（个）	排名
江苏	常州	溧阳市	4	27
江苏	苏州	太仓市	4	28
江苏	扬州	高邮市	4	29
江苏	泰州	兴化市	4	30
浙江	温州	乐清市	4	31
浙江	金华	义乌市	4	32
浙江	金华	永康市	4	33
浙江	台州	玉环市	4	34
安徽	安庆	桐城市	4	35

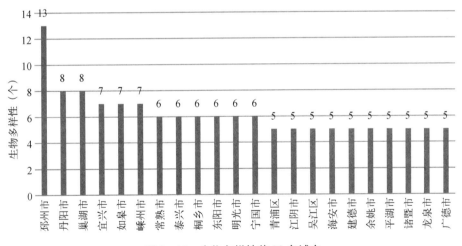

图 3-16　生物多样性前 22 名城市

　　从生物多样性分省平均值（见图 3-17）来看，最高的是江苏省，平均生物多样性为 4.73 个。第 2 名是安徽省，平均生物多样性为 4.33 个。第 3 名是浙江省，平均生物多样性为 3.95 个。排名最后的是上海市，平均生物多样性为 3.63个。可见，长三角三省一市在生物多样性方面，江苏省表现最优，安徽省、浙江省与上海市以较为平稳的趋势递减。

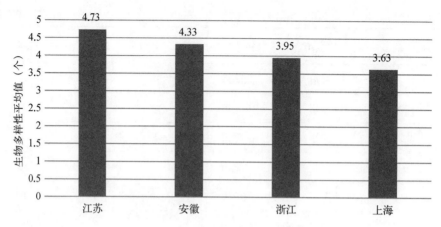

图 3‑17 生物多样性分省平均值

生物多样性与生态活力指数关系见图 3‑18。

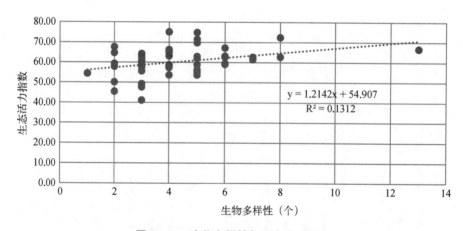

图 3‑18 生物多样性与生态活力指数

综上所述,生物多样性越高的城市,生态活力指数越高;反之,生物多样性越低的城市,生态活力指数越低。可见,生物多样性是城市生态活力的重要表征,一座城市生物多样性越强,代表其生态环境越好,越多的生物物种在此生存,因此,城市的生态活力会越强。

(四) 生态市(区)等级

生态市(区)等级这项指标的平均值是 1.63 级,最大值是 2 级,最小值是 0级。表 3‑9 显示了生态市(区)等级为 2 级(国家级)的城市,图 3‑19 显示了生态市(区)等级为 2 级(国家级)的城市。生态市(区)等级为 2 级(国家级)的城市有闵行区、金山区、青浦区、奉贤区、崇明区、江阴市、宜兴市、邳州市、溧阳市、常熟市、张家港市、昆山市、太仓市、吴江区、启东市、如皋市、海安市、东台市、仪征市、高邮市、丹阳市、扬中市、句容市、兴化市、靖江市、泰兴市、建德市、慈溪市、乐清市、海宁市、平湖市、桐乡市、嘉善县、诸暨市、义乌市、江山市、温岭市、龙泉市、巢湖市、宁国市、广德市、桐城市、潜山市。

表 3-9 生态市(区)等级为 2 级的城市

省(直辖市)	地级市	县级市(区)	生态市(区)等级
上海		闵行区	2
上海		金山区	2
上海		青浦区	2
上海		奉贤区	2
上海		崇明区	2
江苏	无锡	江阴市	2
江苏	无锡	宜兴市	2
江苏	徐州	邳州市	2
江苏	常州	溧阳市	2
江苏	苏州	常熟市	2
江苏	苏州	张家港市	2
江苏	苏州	昆山市	2
江苏	苏州	太仓市	2
江苏	苏州	吴江区	2
江苏	南通	启东市	2
江苏	南通	如皋市	2
江苏	南通	海安市	2
江苏	盐城	东台市	2

续　表

省(直辖市)	地级市	县级市(区)	生态市(区)等级
江苏	扬州	仪征市	2
江苏	扬州	高邮市	2
江苏	镇江	丹阳市	2
江苏	镇江	扬中市	2
江苏	镇江	句容市	2
江苏	泰州	兴化市	2
江苏	泰州	靖江市	2
江苏	泰州	泰兴市	2
浙江	杭州	建德市	2
浙江	宁波	慈溪市	2
浙江	温州	乐清市	2
浙江	嘉兴	海宁市	2
浙江	嘉兴	平湖市	2
浙江	嘉兴	桐乡市	2
浙江	嘉兴	嘉善县	2
浙江	绍兴	诸暨市	2
浙江	金华	义乌市	2
浙江	衢州	江山市	2
浙江	台州	温岭市	2
浙江	丽水	龙泉市	2
安徽	合肥	巢湖市	2
安徽	宣城	宁国市	2

续　表

省(直辖市)	地级市	县级市(区)	生态市(区)等级
安徽	宣城	广德市	2
安徽	安庆	桐城市	2
安徽	安庆	潜山市	2

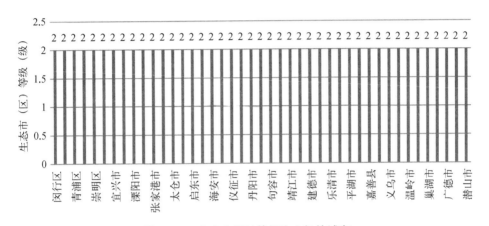

图3-19　生态市(区)等级为2级的城市

从生态市(区)等级分省平均值(见图3-20)来看,最高的是江苏省,平均生态市(区)等级为1.95级。第2名是浙江省,平均生态市(区)等级为1.52级。第3名是安徽省,平均生态市(区)等级为1.44级。排名最后的是上海市,平均生态

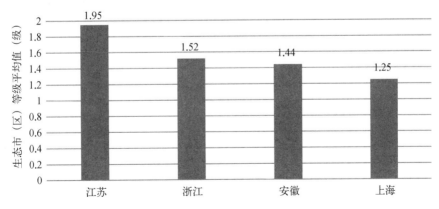

图3-20　生态市(区)等级分省平均值

市(区)等级为1.25级。可见,长三角三省一市在生态市(区)等级方面,江苏省表现突出,其生态市(区)等级最高,均值接近2级;浙江省以微弱优势高于安徽省,上海市低于安徽省。

生态市(区)等级与生态活力指数关系见图3‑21。

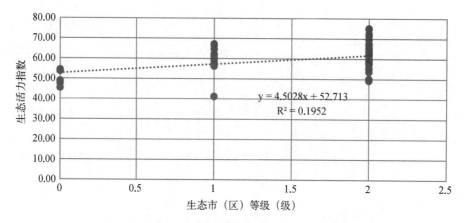

图 3‑21　生态市(区)等级与生态活力指数

综上所述,城市的生态市(区)等级越高,生态活力越强。生态市(区)等级越高的城市,其生态评价越好,越具有生态活力。

六、长三角中小城市生态禀赋指数分报告结论与建议

(一) 结论

长三角三省一市在生态禀赋方面的差距较大,浙江省具有明显优势,江苏省略高于旗鼓相当的上海市和安徽省,上海市仅以极其微弱优势高于安徽省。

60个中小城市生态禀赋指数主要分布在良、一般的等级水平上,占总数的比重为80%。

城市空气质量越好,集中式饮用水源地水质越好,生物多样性越丰富,生态市(区)等级越高,生态禀赋越好,生态活力越强。好的生态禀赋条件可以提供充足的自然资源和环境优势;生态禀赋对整个城市的影响极为重要,深刻影响到城市的空气、水、生物,以及整个城市的生态系统,而这些会直接影响到人的身体健康和生活品质,更会影响到整个社会的可持续发展。

在生态禀赋聚类分析中,有两个城市单独聚为一类,是江苏省邳州市和安徽省界首市。邳州市在生态禀赋这一指标上表现突出,在集中式饮用水源地水质达标率方面并列第一;在生物多样性方面排名第一,并与第二名差距显著;在生

态市(区)等级方面并列第一。表明邳州市更重视生活用水、生物种类以及整个城市生态环境的建设与发展。界首市生态禀赋指数较其他城市差距最大,它在空气质量达标率、集中式饮用水源地水质达标率、生态市(区)等级三方面均排名最后,在生物多样性方面排名倒数第三,表明界首市在生态禀赋方面具有巨大的挑战和提升空间。

长三角三省一市在空气质量达标率方面,浙江省最具优势,上海略高于安徽省,江苏省提升空间最大。空气质量达标率越高,生态禀赋越好,生态活力越强。可见,一座城市的空气质量越好,不仅对生态环境有着直接的影响,还对其生态活力的激发有着促进作用。

长三角三省一市在集中式饮用水源地水质达标率方面,上海市和浙江省表现突出,达标率均为100%,江苏省紧跟其后,安徽省明显低于其他省市。集中式饮用水源地水质达标率越高,其生态活力越强。饮用水是人赖以生存的最重要的物质基础,饮用水的质量不仅直接影响人的身体和健康,更是生态活力的重要体现。

长三角三省一市在生物多样性方面,江苏省表现最优,安徽省、浙江省与上海市以较为平稳的趋势递减。生物多样性越高的城市,生态活力指数越高;反之,生物多样性越低的城市,生态活力指数越低。可见,生物多样性是城市生态活力的重要表征,一座城市生物多样性越高,代表其生态环境越好,越多的生物物种在此生存,因此,城市的生态活力会越强。

长三角三省一市在生态市(区)等级方面,江苏省表现突出,其生态市(区)等级最高,均值接近2级;浙江省以微弱优势高于安徽省,上海市低于安徽省。城市的生态市(区)等级越高,生态活力越强。生态市(区)等级越高的城市,其生态评价越好,越具有生态活力。

(二) 建议

上海应注重生态禀赋方面的建设,注重生物多样性和生态市(区)等级的提升;江苏省应加强空气质量的提升,其中邳州市应发挥好模范带头作用,邳州市在生态禀赋上表现突出,尤其在生活用水、生物种类以及整个城市生态环境的建设方面取得优异成绩,可将成功经验与其他省份城市分享;浙江省整体表现优良,应继续保持生态禀赋的均衡发展;安徽省应全面提升生态禀赋建设,尤其在集中式饮用水源地水质方面亟待加强治理,同时,界首市应尽快补足短板,减少与其他城市的大差距。

长三角中小城市在提升生态禀赋建设方面,具体可以从以下几个方面着手:

1. 强化生态环境保护与治理

(1) 实施严格的生态环保政策。中小城市应严格遵守国家和地方的生态环

保政策,制定更加细化和严格的环保标准,确保各类污染源得到有效控制;

(2)提升生态治理能力。加强生态环境监测站点的建设和运行,提高生态环境数据的收集和分析能力,为生态治理提供科学依据;

(3)实施生态修复工程。针对受损的生态系统,实施修复工程,如湿地修复、河流治理、森林植被恢复等,提高生态系统的自我修复能力。

2. 推动绿色低碳发展

(1)优化产业结构。鼓励发展绿色低碳产业,限制高污染、高能耗产业的发展,推动产业结构向绿色化、低碳化转型。

(2)推广清洁能源。加大清洁能源的推广和使用力度,如太阳能、风能等,减少对化石能源的依赖,降低碳排放。

(3)提高能源利用效率。通过技术改造和升级,提高能源利用效率,减少能源浪费和环境污染。

3. 加强生态空间规划与管理

(1)制定科学的生态空间规划。根据城市自然资源禀赋和生态环境状况,制定科学的生态空间规划,明确生态保护红线,合理布局生产、生活和生态空间。

(2)加强生态空间管理。建立生态空间管理机制,加强对各类生态空间的监管和保护,防止生态空间被非法占用和破坏。

(3)推广生态补偿机制。建立生态补偿机制,对生态环境保护和修复工作给予经济和政策支持,激励社会各界积极参与生态环保工作。

4. 加强生态文明宣传教育

(1)开展生态文明教育。在学校、社区等场所开展生态文明教育,提高公众对生态文明建设的认识和参与度。

(2)推广绿色生活方式。鼓励公众采用绿色出行、绿色消费等生活方式,减少对环境的负面影响。

(3)加强媒体宣传。通过媒体宣传,普及生态环保知识,提高公众的生态环保意识。

通过以上四个方面的努力,长三角中小城市可以逐步提升生态禀赋建设水平,为构建人与自然和谐共生的现代化城市贡献力量。同时,结合长三角一体化发展的战略背景,各城市可以加强合作与交流,共同推动区域生态环保事业的发展。

(作者:兰晓敏)

第四章

长三角中小城市生态压力指数报告

一、长三角中小城市生态压力指数指标体系

生态压力是指人类活动对自然环境所施加的负担与影响,这种压力有可能引发生态系统功能的衰退、生物多样性的缩减以及自然资源的枯竭。随着生态压力的加剧,我们通常会面临环境质量的下降,包括水、空气和土壤的污染,以及自然栖息地的破坏等现象。因此,研究和监控生态压力对于环境保护与管理至关重要,它能够帮助我们采取适当的措施来减缓甚至扭转这些负面的影响。

第二产业的发展通常伴随着高能耗和高排放,该产业增加值在国民经济中的占比提高,意味着工业活动对自然资源的需求日益增长,这可能导致更为严重的环境污染和生态损害。因而,这一指标能够间接反映出工业生产对生态环境带来的潜在压力。工业用电量的增速直接关联到能源消耗的规模与速率,以及相应的碳排放和其他环境污染物的产生量。因此,工业用电量增长率的上升可能预示着更大的环境压力和更多的温室气体排放,给生态系统带来负面影响。民用汽车的普及增加了对石油资源的依赖和消耗,并进一步恶化了空气污染和城市热岛效应。随着民用汽车拥有量的增加,交通排放成为导致城市空气质量下降的主要因素之一,对生态系统构成直接威胁。高人口密度往往与城市化程度及土地使用强度紧密相连,可能引发栖息地破碎化和生态平衡的破坏。此外,密集的人口也意味着更高的资源消耗率和废物产生率,从而对周边环境造成显著的压力。

综合分析第二产业增加值占比、工业用电量增长率、民用汽车拥有量和人口密度这四个指标,我们能够全面评估一个地区的经济活动对环境造成的代价,并识别出主要的生态压力点。这对于制定有效的环境政策、调整经济结构、促进可持续发展具有重要的意义。具体来说,第二产业增加值占比和工业用电量增长率为我们提供了工业活动对资源和能源需求的相关信息,以及可能造成的环境压力;而民用汽车拥有量则反映了消费模式和生活方式对环境的影响,尤其是对城市空气质量的影响;人口密度与居住模式、土地使用和资源消耗等环境问题息

息相关。这些指标的变化可以视为生态压力变化的早期信号,对预测生态趋势、调整生态保护策略和建设生态文明具有指导作用。

总而言之,这四个指标相互补充,共同呈现出一个地区生态压力的完整图景。通过对这些指标的持续监测和分析,决策者和公众可以更加深入地理解人类活动与自然环境之间的互动关系,及时采取相应措施以减轻生态压力,促进人与自然的和谐共生。

二、长三角中小城市生态响应指数指标说明

(一)第二产业增加值占比

指标说明:第二产业增加值占比是衡量第二产业在国民经济中所占比重的经济指标。它是指第二产业增加值在国内生产总值(GDP)中所占的百分比,用于反映第二产业对整体经济贡献的大小。

计算方法:[第二产业增加值/国内生产总值(GDP)]×100%

指标单位:百分比

指标性质:负向

数据周期:2022年

数据来源:省、地级市、县级市统计年鉴;县级市年鉴;县级市(区)国民经济和社会公报

(二)工业用电量增长率

指标说明:工业用电量增长率是衡量一定时期内工业生产用电需求变化情况的指标。它表示相比于基期,当前时期工业用电量的上升幅度,通常以百分比形式来表达。

计算方法:[(本期数值－基期数值)/基期数值]×100%

指标单位:%

指标性质:负向

数据周期:2021年,2022年

数据来源:省、地级市、县级市统计年鉴;县级市年鉴;县级市(区)国民经济和社会公报

(三)民用汽车拥有量

指标说明:民用汽车拥有量指报告期末,在公安交通管理部门按照《机动车注册登记工作规范》,已注册登记领有民用车辆牌照的全部汽车数量。这包括个人(私人)汽车和单位汽车,涵盖了载客汽车、载货汽车及其他汽车等多种类型。

指标单位：辆

指标性质：负向

数据周期：2022 年

数据来源：各级政府统计年鉴与统计公报等[①]

(四) 人口密度

指标说明：在生态压力中，人口密度的重要性不可忽视。随着人口密度的增加，对资源的需求也相应增大。例如，水、能源、食物等资源的需求量增加，导致资源的供给压力增大。资源短缺不仅影响人们的日常生活，还可能导致资源的过度开采和不合理利用，进一步加剧生态压力。

计算方法：人口密度＝各个城市 2023 年单位土地面积上的人口数量

指标单位：人/km²

指标性质：负向

数据周期：2023 年

数据来源：红黑人口库

三、长三角中小城市生态压力指数排名分析

(一) 长三角中小城市生态压力指数排名结果

本报告采用四个指标来表征长三角中小城市的生态响应指数，它们分别是第二产业增加值占比、工业用电量增长率、民用汽车拥有量以及人口密度。这些指标不仅独立揭示了不同层面的环境影响，彼此之间也存在着紧密的关联性，共同映射出区域生态系统对人类活动的综合反馈。

由于上述四个指标与生态压力之间呈现出显著的负向关联，这意味着，拥有较高生态压力指数得分的城市面临着较大的生态压力，而那些得分较低的城市所面临的生态压力相对较小。因此，在这项研究中课题组特别关注那些生态压力指数得分较低，即承受较小生态压力的城市，将其作为分析的重点。

为了确保分析的科学性和权威性，本课题组依据学术研讨的成果并汇集了专家的专业意见。鉴于每个指标对于评估长三角地区中小城市的生态压力均具有显著的影响力，决定采取等值赋权的方法来进行城市排名（见表 4 - 1）。这一决策旨在确保每个指标都能在评估过程中发挥均等的作用，从而更准确地反映出各城市生态压力的实际状况。

---

① 少数城市未公布 2022 年相关指标数据，采用临近年份数据代替或按照人口比例推算得到近似值。

表 4‑1　长三角生态压力较小的前 30 名城市

省 （直辖市）	地级市	县级市 （区、县）	生态压力 指数	排名
上海		崇明区	6.47	1
安徽	滁州	明光市	11.46	2
浙江	丽水	龙泉市	15.64	3
安徽	合肥	巢湖市	17.40	4
江苏	盐城	东台市	18.78	5
上海		青浦区	19.83	6
浙江	衢州	江山市	21.18	7
安徽	安庆	潜山市	21.56	8
江苏	徐州	邳州市	22.83	9
江苏	镇江	句容市	23.28	10
江苏	泰州	兴化市	23.94	11
安徽	宣城	广德市	24.20	12
浙江	杭州	建德市	24.89	13
江苏	徐州	新沂市	25.11	14
江苏	苏州	太仓市	27.51	15
浙江	金华	兰溪市	28.23	16
江苏	南通	启东市	29.18	17
浙江	台州	临海市	29.35	18
浙江	台州	玉环市	29.36	19
江苏	扬州	仪征市	29.87	20
江苏	镇江	扬中市	30.45	21
安徽	安庆	桐城市	31.35	22

续　表

省 （直辖市）	地级市	县级市 （区、县）	生态压力 指数	排名
江苏	镇江	丹阳市	31.47	23
浙江	温州	乐清市	31.98	24
浙江	绍兴	嵊州市	32.35	25
浙江	温州	龙港市	32.57	26
安徽	宣城	宁国市	32.62	27
浙江	温州	瑞安市	33.01	28
浙江	嘉兴	嘉善县	33.57	29
浙江	台州	温岭市	33.59	30

（二）长三角中小城市生态压力指数排名分析

长三角地区生态压力相对较低的 15 个中小城市（见图 4-1），涵盖了江苏省的东台市、邳州市、句容市、兴化市、新沂市和太仓市；安徽省的明光市、巢湖市、潜山市和广德市；浙江省的龙泉市、江山市和建德市；以及上海市的崇明区和青

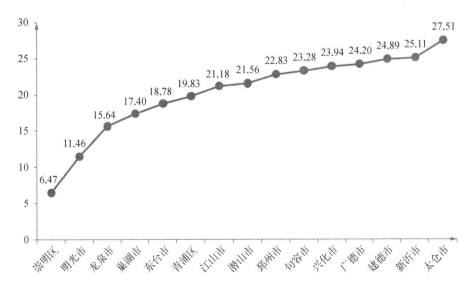

图 4-1　长三角生态压力较小的前 15 名城市

浦区。具体来看,江苏省有 6 个城市上榜,安徽省占据 4 席,浙江省 3 席,而上海市则有 2 个非中心城区入选。在长三角 60 个中小城市(区)中,上海市崇明区的生态压力最小。

以江苏省东台市为例,该市第二产业增加值占比较低,说明产业结构正在优化升级,对生态环境的压力相对较小。同时,工业用电量增长率保持在合理区间,反映出能效提升和节能减排措施的实施成效。民用汽车拥有量的增长控制在一个适度水平,有助于减少交通拥堵和空气污染。人口密度适中,既保证了城市的活力,又避免了过度拥挤带来的环境压力。

安徽省巢湖市的情况则有所不同,通过发展循环经济和清洁生产,工业用电量增长率得到有效控制。巢湖市注重新能源汽车的推广和公共交通系统的完善,减缓了民用汽车拥有量增长对环境的影响。人口密度较低,为城市提供了更多的绿地和公共空间,有利于生态平衡。

浙江省龙泉市在生态保护方面表现突出,第二产业增加值占比低,工业用电量增长率平稳,反映出其低碳发展理念。民用汽车拥有量增长缓慢,与该市推广绿色出行政策有关。人口密度相对较低,为自然环境的保护和生态旅游的发展提供了条件。

上海市崇明区作为生态示范区,第二产业增加值占比较低,工业用电量增长率低,显示出高效的能源利用和产业结构调整成果。尽管民用汽车拥有量较高,但通过绿色交通系统和新能源汽车的推广,减少了对环境的影响。人口密度处于适中水平,为居民提供了良好的生活空间,同时保护了生态环境。

(三) 长三角中小城市生态压力指数得分对比分析

在长三角 60 个中小城市中(见图 4-2),安徽省以 28.13 分的得分均值位列最低,这一数据反映出该省中小城市所承受的生态压力相对较轻。相较之下,江苏省和浙江省的得分均值分别为 32.89 和 33.38,显示这两省所面临的生态挑战处于相似水平。而上海市则以 35.68 分的得分均值高居榜首,表明其非中心城区在生态方面承载的压力显著。

对于安徽省中小城市而言,其较低的生态压力均值主要得益于民用汽车拥有量的合理控制以及相对较低的人口密度,这些因素共同减轻了对环境的影响。

尽管江苏省与浙江省的得分相近,但它们在经济结构和生活方式上却呈现出不同的特点。江苏省在工业用电量和民用汽车拥有量方面表现较为突出,而浙江省则因其轻工业和服务业的高度发展,加之人口密集,导致两省在生态压力得分上不相上下。

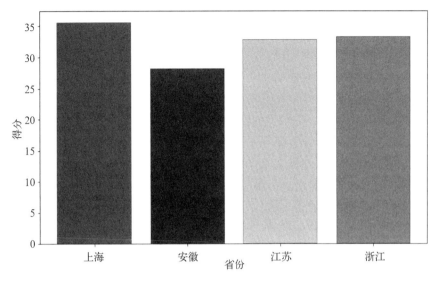

图 4‑2　各省生态压力得分均值图

　　作为直辖市，上海市之所以得分高企，主要归因于其高密度的人口分布以及非中心城区的众多工业活动。虽然上海在环保技术和管理层面进行了大量投入，但其庞大的经济规模和人口密度仍然使得生态压力保持在较高水平。特别是工业用电量和民用汽车拥有量的快速增长，成为推高其生态压力得分的主要因素。

四、长三角中小城市生态压力指数各分指标排名分析

(一) 第二产业增加值占比排名分析

"第二产业增加值占比"排名前 30 位城市结果见表 4‑2。

表 4‑2　"第二产业增加值占比"排名前 30 名城市

省 (直辖市)	地级市	县级市 (区、县)	第二产业增加值 占比(%)	排名
上海		奉贤区	64.3	1
		金山区	63.5	2
安徽	滁州	天长市	61.07	3
浙江	嘉兴	平湖市	61.06	4

续　表

省 （直辖市）	地级市	县级市 （区、县）	第二产业增加值 占比（%）	排名
浙江	宁波	慈溪市	60.73	5
浙江	宁波	余姚市	59.35	6
安徽	宣城	宁国市	59.23	7
浙江	嘉兴	嘉善县	58.27	8
浙江	嘉兴	海宁市	58.12	9
上海		嘉定区	57.8	10
安徽	阜阳	界首市	57.29	11
江苏	泰州	靖江市	55.48	12
江苏	南通	海安市	54.60	13
浙江	金华	永康市	54.59	14
江苏	镇江	扬中市	54.27	15
江苏	常州	溧阳市	54.20	16
江苏	镇江	丹阳市	53.49	17
浙江	台州	玉环市	53.45	18
江苏	无锡	宜兴市	52.62	19
江苏	扬州	仪征市	52.43	20
江苏	苏州	吴江区	52.29	21
江苏	苏州	昆山市	52.22	22
浙江	金华	兰溪市	52.11	23
江苏	无锡	江阴市	52.03	24
安徽	安庆	桐城市	51.75	25
江苏	泰州	泰兴市	51.14	26

续　表

省 （直辖市）	地级市	县级市 （区、县）	第二产业增加值 占比（％）	排名
浙江	杭州	建德市	50.65	27
江苏	苏州	张家港市	50.60	28
江苏	苏州	常熟市	50.57	29
浙江	嘉兴	桐乡市	50.43	30

对长三角地区全部 60 个中小城市（区、县）的"第二产业增加值占比"的数据进行分析，可以看出，这些城市的第二产业增加值平均占比为 48.61％，这一数字凸显了在所研究的长三角地级市中，第二产业（主要包括工业和制造业）对地区经济的贡献平均接近地区生产总值的一半。这个比例可能揭示了这些地级市经济结构的一个关键特征，即第二产业在整体经济中扮演着主导角色。

进一步分析显示，第二产业增加值占比的标准差为 8.89％，这一相对较小的数值表明，多数地级市的第二产业增加值占比较为接近，波动并不剧烈。然而，尽管如此，仍存在一定的波动幅度，表明部分地级市的第二产业占比远高于或远低于平均水平。

最为显著的是，最小值与最大值分别为 23.80％和 64.30％。这一跨度揭示了一个有趣的现象：虽然所有样本地级市都在一定程度上依赖于第二产业，但这种依赖程度却存在显著差异。最低值 23.80％可能表明该地级市的经济结构更为多元化，第二产业不是其经济增长的主要推动力；而最高值 64.30％则可能表示该地级市对第二产业高度依赖，特别是工业和制造业，这可能是其经济发展的核心动力。

结合图 4-3 所示的长三角地区中小城市第二产业增加值占比的详细排名数据，我们可以进行更深入的分析。在排名前 15 位的城市中，浙江省占据了六席，分别为平湖市、慈溪市、余姚市、嘉善县、海宁市以及永康市；安徽省则有三个城市入围，分别是天长市、宁国市和界首市；江苏省亦有三个城市上榜，即靖江市、海安市和扬中市；而上海市则有奉贤区、金山区和嘉定区三个区域位列其中。

具体到各省份的分布情况，可以看出，浙江省有最多的城市进入前 15 名，显示了该省第二产业的强劲发展态势。安徽省、江苏省以及上海市则各有三个城市（区）跻身这一榜单，显示出长三角地区第二产业发展的均衡性与多元性。值

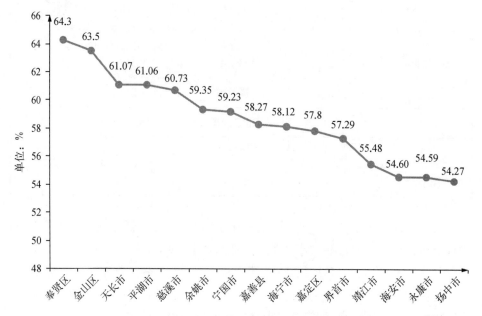

图4-3 第二产业增加值占比排名前15名城市

得注意的是,在长三角地区所有中小城市(区、县)的激烈竞争之中,上海市的奉贤区和金山区分别荣登前两名,这反映了这两个区在第二产业方面的独特优势和突出贡献。

排在首位的上海市奉贤区,其第二产业增加值占比较高,这是由于该区域集中了大量的工业企业和制造业基地,特别是在电子工业等先进制造业领域具有显著优势。而金山区作为上海的化工基地,同样在第二产业方面有着突出的表现。

此外,江苏省的靖江市、海安市和扬中市虽然在规模上可能不及一些大城市,但在第二产业的专业化和集群化发展上却有着自己的特点。这些城市通过优化产业结构、提升技术水平,形成了一定的竞争优势。

对于浙江省而言,其上榜城市数量最多,显示出该省在第二产业发展上的广泛基础和深厚实力。例如,慈溪市和余姚市在小家电、机械制造等领域具有较高的市场份额,而平湖市、嘉善县等地则在纺织、服装等传统制造业方面表现突出。

安徽省的天长市、宁国市和界首市在农业加工、食品制造等第二产业领域也展现了良好的发展潜力。

(二)工业用电量增长率排名分析

"工业用电量增长率"排名前30位城市结果见表4-3。

表 4-3 "工业用电量增长率"排名前 30 名城市

省 （直辖市）	地级市	县级市 （区、县）	工业用电量 增长率（%）	排名
安徽	芜湖	无为市	39.70	1
江苏	扬州	高邮市	15.83	2
上海		金山区	13.70	3
安徽	安庆	桐城市	10.13	4
江苏	常州	溧阳市	9.60	5
浙江	绍兴	嵊州市	9.31	6
安徽	滁州	天长市	8.85	7
江苏	徐州	新沂市	8.27	8
浙江	嘉兴	平湖市	7.97	9
江苏	泰州	泰兴市	7.54	10
浙江	金华	义乌市	7.07	11
安徽	阜阳	界首市	6.11	12
浙江	金华	东阳市	5.65	13
安徽	宣城	宁国市	4.32	14
江苏	泰州	兴化市	4.18	15
安徽	安庆	潜山市	3.45	16
浙江	温州	龙港市	3.36	17
江苏	扬州	仪征市	3.12	18
江苏	南通	海安市	2.95	19
浙江	丽水	龙泉市	2.74	20
江苏	镇江	扬中市	2.16	21
浙江	嘉兴	海宁市	2.08	22

续　表

省 （直辖市）	地级市	县级市 （区、县）	工业用电量 增长率（%）	排名
浙江	台州	临海市	1.46	23
江苏	镇江	句容市	1.16	24
浙江	嘉兴	桐乡市	0.78	25
江苏	泰州	靖江市	0.38	26
安徽	滁州	明光市	−0.27	27
浙江	金华	兰溪市	−0.56	28
江苏	南通	如皋市	−1.13	29
江苏	苏州	张家港市	−1.23	30

对长三角地区全部 60 个中小城市（区、县）的"工业用电量增长率"进行数据分析。统计结果显示，这些城市的工业用电量增长率平均为 0.06%，几乎接近于零。这一结果表明，样本中的地级市在工业生产活动上普遍呈现出稳定的状态，既没有出现显著的增长，也没有明显的下降趋势。

然而，深入分析发现，工业用电量增长率的标准差达到了 8.33%，这一较大的标准差值说明，虽然整体平均增长率接近零，但各个地级市之间在工业用电量的变化上却存在显著的波动。这种波动可能源于各地政策导向、市场条件以及工业发展状况的差异等多种因素的综合作用。

更为具体地说，工业用电量增长率的最小值为 −13.90%，而最大值则高达39.70%。这一区间范围进一步印证了部分地级市的工业用电量出现了显著的下降趋势，即所谓的负增长；而另一些地级市则实现了正增长。这种两极分化的现象，无疑反映了不同地级市在工业发展上的不均衡性，以及受到政策、市场等因素影响的复杂性。

结合图 4-4 所展示的长三角地区中小城市工业用电量增长率的详细排名，进行更为深入的剖析。在排名前 15 位的城市中，江苏省凭借其五座城市的强势入围，展现了其在工业生产领域的稳健增长。这 5 个城市分别是高邮市、溧阳市、新沂市、泰兴市和兴化市，它们在工业生产方面的积极表现，不仅体现了江苏省在推动工业发展方面的成效，也彰显了这些城市在区域经济中的重要地位。

江苏省一直以来都是中国东部的重要制造业基地,尤其是在电子、机械和化工产品方面具有显著优势。这些城市的工业用电增长率能够位居前列,部分原因是省内大量的投资流向了技术改造和产业升级,使得产业链更加完善,产品更具竞争力。这些城市通过不断的技术创新和产业升级,成功实现了工业用电量的合理增长,为地区经济的发展注入了新的活力。

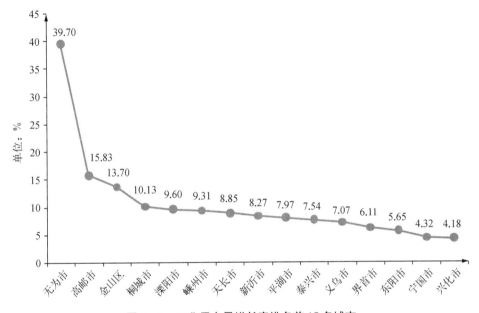

图 4-4 工业用电量增长率排名前 15 名城市

安徽省同样有 5 个城市跻身这一榜单,分别为无为市、桐城市、天长市、界首市和宁国市。这些城市的入围,不仅显示了安徽省在工业用电方面的显著增长,也反映了该省在培育工业经济、优化能源结构等方面所做出的努力。安徽省通过大力发展新兴产业和优化能源消费结构,为区域经济发展提供了有力支撑。

浙江省亦有 4 个城市上榜,即嵊州市、平湖市、义乌市和东阳市。这展现了浙江省中小城市在轻工业、电子商务及小商品生产方面的强劲动力。浙江省一直以中小企业为主,这些企业灵活多变,能够快速适应市场,加之省政府在积极推进"机器换人"政策,鼓励企业自动化、智能化改造,进一步推高了工业用电量。

上海市的金山区作为该市唯一上榜的区,显示了上海在高新技术产业方面的发展势头。金山区作为上海的卫星城市,近年来通过引进和培育了一批高新技术企业,形成了新的经济增长点,这直接推动了其工业用电量的增长。

（三）民用汽车拥有量

表 4-4 民用汽车拥有量指标前 30 名城市

省（直辖市）	地级市	县级市（区、县）	民用汽车拥有量(辆)	排名
浙江	温州	龙港市	25 775	1
浙江	丽水	龙泉市	58 523	2
安徽	安庆	潜山市	73 447	3
江苏	镇江	扬中市	78 200	4
安徽	滁州	天长市	87 584	5
安徽	滁州	明光市	88 922	6
安徽	阜阳	界首市	89 109	7
江苏	镇江	句容市	90 400	8
安徽	安庆	桐城市	90 869	9
安徽	宣城	宁国市	95 000	10
浙江	杭州	建德市	108 838	11
安徽	芜湖	无为市	111 419	12
安徽	宣城	广德市	115 801	13
江苏	扬州	仪征市	118 100	14
上海		崇明区	121 633	15
江苏	扬州	高邮市	123 000	16
安徽	合肥	巢湖市	127 212	17
浙江	衢州	江山市	127 332	18
浙江	金华	兰溪市	142 619	19
江苏	徐州	新沂市	155 200	20

续　表

省 （直辖市）	地级市	县级市 （区、县）	民用汽车 拥有量（辆）	排名
上海		金山区	156 870	21
浙江	台州	玉环市	173 634	22
江苏	泰州	靖江市	185 400	23
江苏	泰州	兴化市	191 300	24
江苏	盐城	东台市	195 800	25
浙江	嘉兴	嘉善县	202 237	26
江苏	泰州	泰兴市	204 500	27
浙江	嘉兴	平湖市	210 368	28
江苏	南通	海安市	212 000	29
上海		奉贤区	214 760	30

表 4-4 显示了民用汽车拥有量指标排名前 30 的城市及其具体数值。全部城市的民用汽车拥有量分布情况见民用汽车拥有量散点图（见图 4-5）。

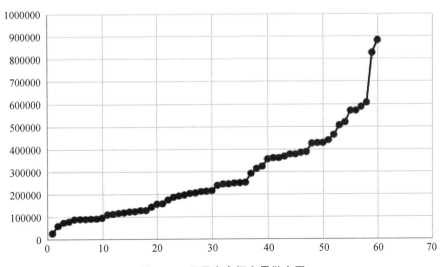

图 4-5　民用汽车拥有量散点图

基于民用汽车拥有量,可以把长三角中小城市分为3类(见表4-5)。第1类是A,是指民用汽车拥有量小于200 000辆的城市,包括:龙港市、龙泉市、潜山市、扬中市、天长市、明光市、界首市、句容市、桐城市、宁国市、建德市、无为市、广德市、仪征市、崇明区、高邮市、巢湖市、江山市、兰溪市、新沂市、金山区、玉环市、靖江市、兴化市、东台市。第2类是B,是指民用汽车拥有量在200 000~400 000辆之间的城市,包括:嘉善县、泰兴市、平湖市、海安市、奉贤区、邳州市、青浦区、溧阳市、丹阳市、启东市、嵊州市、临海市、太仓市、海宁市、如皋市、嘉定区、东阳市、桐乡市、永康市、松江区、乐清市、宜兴市。第3类是C,是指民用汽车拥有量大于400 000辆的城市,包括:余姚市、宝山区、瑞安市、温岭市、诸暨市、张家港市、闵行区、常熟市、吴江区、慈溪市、江阴市、义乌市、昆山市。可以看出,C类城市都是经济发展较好的城市,由于经济发达,民用汽车拥有量也较多。但这给生态环境带来了较大的压力。

表4-5 基于民用汽车拥有量的长三角中小城市分类

A(<200 000辆)	龙港市、龙泉市、潜山市、扬中市、天长市、明光市、界首市、句容市、桐城市、宁国市、建德市、无为市、广德市、仪征市、崇明区、高邮市、巢湖市、江山市、兰溪市、新沂市、金山区、玉环市、靖江市、兴化市、东台市
B(200 000~400 000辆)	嘉善县、泰兴市、平湖市、海安市、奉贤区、邳州市、青浦区、溧阳市、丹阳市、启东市、嵊州市、临海市、太仓市、海宁市、如皋市、嘉定区、东阳市、桐乡市、永康市、松江区、乐清市、宜兴市
C(>400 000辆)	余姚市、宝山区、瑞安市、温岭市、诸暨市、张家港市、闵行区、常熟市、吴江区、慈溪市、江阴市、义乌市、昆山市

从民用汽车拥有量分省平均值来看(见图4-6),浙江省中小城市民用汽车拥有量平均值为312 475,标准差为188 904。江苏省中小城市民用汽车拥有量平均值为305 162,标准差为203 569。上海市中小城市民用汽车拥有量平均值为302 154,标准差为139 135。以上两省一市民用汽车拥有量的情况相差不大。安徽省中小城市民用汽车拥有量平均值为97 707,远低于其他两省一市,而且标准差仅为16 890,说明安徽省中小城市民用汽车拥有量普遍较少,这意味着给生态环境带来的压力较小。

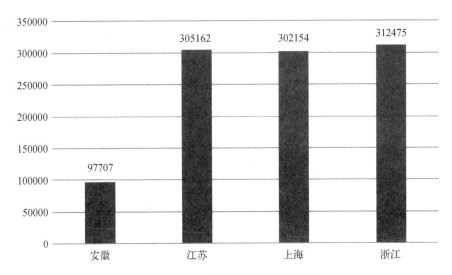

图 4-6 民用汽车拥有量分省平均值

(四) 人口密度排名分析

人口密度是负向指标,数值越小,生态压力越小,生态环境越好,排名越靠前。人口密度这项指标的平均值是 1 248.11 人/km²,最小值是 78.46 人/km²,最大值是 8 259 人/km²。

表 4-6 显示了人口密度较小的前 30 名城市,图 4-7 显示了人口密度较小的前 15 名城市。人口密度较小的前 15 名城市分别是龙泉市、宁国市、建德市、明光市、广德市、江山市、潜山市、东台市、天长市、巢湖市、高邮市、嵊州市、桐城市、无为市、兰溪市。

表 4-6 人口密度较小前 30 名城市

省 (直辖市)	地级市	县级市 (区、县)	人口密度 (人/km²)	排名
浙江	丽水	龙泉市	78.46	1
安徽	宣城	宁国市	155	2
浙江	杭州	建德市	190	3
安徽	滁州	明光市	206	4

续　表

省 （直辖市）	地级市	县级市 （区、县）	人口密度 （人/km²）	排名
安徽	宣城	广德市	226	5
浙江	衢州	江山市	243	6
安徽	安庆	潜山市	261	7
江苏	盐城	东台市	273	8
安徽	滁州	天长市	345	9
安徽	合肥	巢湖市	351	10
江苏	扬州	高邮市	364	11
浙江	绍兴	嵊州市	385	12
安徽	安庆	桐城市	401	13
安徽	芜湖	无为市	406	14
浙江	金华	兰溪市	443	15
江苏	镇江	句容市	461	16
江苏	泰州	兴化市	468	17
浙江	台州	临海市	507	18
江苏	常州	溧阳市	522	19
浙江	绍兴	诸暨市	524	20
上海		崇明区	532	21
江苏	扬州	仪征市	588	22
江苏	徐州	新沂市	605	23
浙江	金华	东阳市	621	24
江苏	无锡	宜兴市	641	25

续　表

省 （直辖市）	地级市	县级市 （区、县）	人口密度 （人/km²）	排名
江苏	徐州	邳州市	685	26
江苏	南通	海安市	726	27
江苏	南通	启东市	786	28
江苏	南通	如皋市	811	29
江苏	泰州	泰兴市	846	30

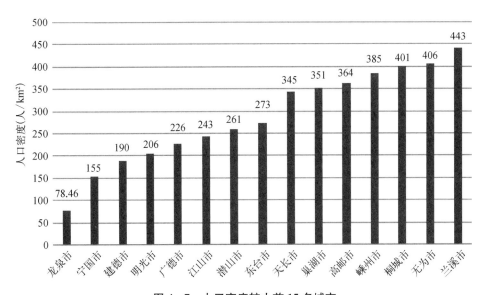

图 4 - 7　人口密度较小前 15 名城市

从人口密度分省平均值（见图 4 - 8）来看，排名第一位的是安徽省，平均人口密度为 366.22 人/km²；排名第二位的是江苏省，平均人口密度为 898.18 人/km²；排名第三位的是浙江省，平均人口密度为 1 120.93 人/km²；排名第四位的是上海市，平均人口密度为 3 536.38 人/km²。可见，长三角三省一市在人口密度方面，安徽较具优势，江苏省紧跟其后，江苏省以微弱优势好于浙江省，上海市人口密度最大，生态压力最大。

长三角 60 个中小城市人口密度在优、良、一般、弱四个等级上（见表 4 - 7）的城市个数呈现正态分布态势（见图 4 - 9）。四个等级的人口密度的城市个数分

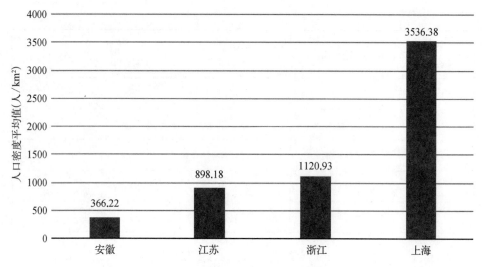

图4-8 人口密度分省平均值

别为8个、27个、17个和8个。四个等级的人口密度均值分别对应为204.06人/km²、618.41人/km²、1 402.41人/km²、4 089.5人/km²。60个城市人口密度主要分布在良、一般的等级水平上,占总数的比重为73%。

表4-7 长三角中小城市人口密度分布态势

人口密度 (人/km²)	人口密度 等级划分	人口密度 均值(人/km²)	城市 个数	城 市 分 布
≤300	优	204.06	8	龙泉市、宁国市、建德市、明光市、广德市、江山市、潜山市、东台市
300～1 000	良	618.41	27	天长市、巢湖市、高邮市、嵊州市、桐城市、无为市、兰溪市、句容市、兴化市、临海市、溧阳市、诸暨市、崇明区、仪征市、新沂市、东阳市、宜兴市、邳州市、海安市、启东市、如皋市、泰兴市、永康市、丹阳市、余姚市、扬中市、界首市
1 000～ 1 800	一般	1 402.41	17	靖江市、太仓市、瑞安市、吴江区、乐清市、平湖市、嘉善县、常熟市、金山区、桐乡市、张家港市、慈溪市、海宁市、奉贤区、玉环市、温岭市、义乌市
≥1 800	弱	4 089.5	8	江阴市、青浦区、昆山市、松江区、龙港市、嘉定区、闵行区、宝山区

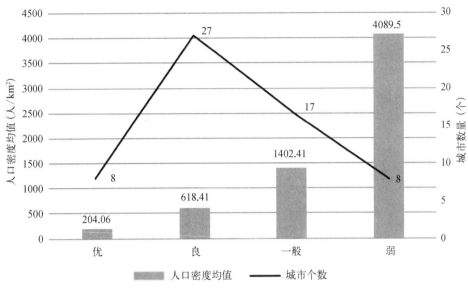

图 4-9　长三角中小城市人口密度分布态势

五、长三角中小城市生态压力指数报告结论与建议

(一) 结论

长三角地区中小城市的第二产业占地区生产总值的平均比例接近一半,这一比例突显了工业和制造业在这些城市经济发展中的核心作用。然而,这也意味着第二产业对生态压力有着深刻的影响。由于第二产业往往伴随着资源的大量消耗与废弃物的显著产出,其增加值的高比例可能对环境造成了沉重负担,特别是在空气污染、水质污染、土地使用变更以及能源消耗等方面。尽管多数城市的第二产业增加值占比波动不大,但不同城市对第二产业的依赖程度呈现出明显的差异,这种差异可能反映了各地在执行环境保护政策、优化产业结构以及可持续资源利用方面的不同策略和效果。

工业用电量的增长直接关联能源消耗和环境污染,尤其是在制造业和重工业领域。长三角地区中小城市工业用电量增长率的平均值接近零,显示出整体工业生产活动的稳定性。然而,不同城市间在工业用电及产业发展上的显著波动和不均衡,这种差异反映了各地政策、市场条件及工业发展状态的综合影响,对生态压力产生了不同程度的影响。

民用汽车拥有量的增加对生态环境产生了显著的压力,主要体现在以下几个方面：一是交通拥堵。随着民用汽车拥有量的不断增长，城市交通拥堵现象愈发严重。能源消耗：汽车的大量使用导致了能源消耗的增加。二是空气污染。汽车尾气是城市空气污染的主要来源之一。三是温室气体排放。汽车尾气排放也是温室气体排放的重要来源之一。四是水污染。汽车排放的气体与雨水混合后，会形成酸雨流入河流和海洋，对水质造成污染。此外，汽车渗漏的油与雨水混合也会导致水源污染。五是停车难题。随着私家车的迅速增长，停车成为一个难题。

就人口密度这项指标来看，各个城市之间差异较大，平均值是 1 248.11 人/km^2，最小值是 78.46 人/km^2，最大值是 8 259 人/km^2。各省之间差距也较大，安徽较具优势，江苏省紧跟其后，江苏省以微弱优势好于浙江省，上海市人口密度最大，生态压力最大。60 个城市人口密度主要分布在良、一般的等级水平上，占总数的比重为 73%。

（二）建议

1. 推广绿色制造和清洁生产技术成为当务之急

在长三角地区的中小城市中，第二产业不仅是经济发展的支柱，其增加值平均占比接近地区生产总值的一半，这标志着第二产业是推动经济增长的核心力量，然而，这也暗示了潜在的生态压力。工业和制造业作为第二产业的重要组成部分，往往伴随着高资源消耗和显著的污染排放，对自然环境构成巨大挑战。政府应当发挥引导作用，制定相应的激励政策，鼓励企业采纳低污染、低排放的先进生产技术和设备。同时，对于违反环保法规的企业，应加大惩处力度，确保每项工业活动都严格遵守国家环保标准。通过这些综合措施的实施，不仅可以保障工业的持续增长，还能有效降低对环境的负面影响，实现经济发展与环境保护的和谐共赢。

2. 积极促进产业结构调整和产业升级

尽管长三角地区中小城市的工业生产总体呈现稳定状态，但这一稳定背后却隐藏着复杂的波动和不均衡。部分城市工业用电量出现显著下滑，而另一部分城市则实现了正向增长，这种差异性反映了中小城市工业发展不平衡及面临诸多复杂因素的实际状况。针对这一现状，需要政府积极推动产业结构的优化和升级，引导资金向高技术、高效率、低能耗的领域倾斜，比如电子、机械和化工产品制造业。这种策略将提升产业链的完整性和产品的市场竞争力，同时能有效减少工业生产对环境的影响。借助技术创新与产业升级，实现工业用电量的合理增长，为区域经济注入新的动力，也降低了单位产出的能源消耗和污染排放。

3. 民用汽车拥有量的增加对生态环境造成了多方面的压力

为了缓解这些压力,需要采取一系列措施,如优化道路交通规划、提高公共交通系统效率、推广新能源汽车、加强环保法规的制定和执行等。同时,还需要引导居民形成绿色出行的习惯,减少私家车的使用频率,降低对生态环境的负面影响。

4. 优化城市规划与布局,推动城市群与区域合作

在城市内部,合理划分居住区、工业区、商业区等功能区域,实现资源的合理配置和人口的均衡分布。对老旧城区进行改造和更新,提升城市的承载能力和生活品质。

长三角地区已形成多个城市群,中小城市应积极参与城市群建设,通过资源共享、优势互补,共同应对人口密度和生态压力问题。与此同时,积极推动长三角地区跨行政区域的生态环境保护合作,共同制定和执行生态环境保护政策,形成合力。

（作者：梅燃、高昉、兰晓敏）

第五章

长三角中小城市生态响应指数报告

一、长三角中小城市生态响应指数指标体系

生态响应通常涉及生态系统对外部变化的反应和调整能力,这包括生态系统的恢复力、抵抗力以及可持续性等多个方面。基于这一逻辑框架,二氧化硫排放量下降率、工业废水排放量、化肥使用量和$PM_{2.5}$浓度可以被视作衡量某地区生态响应能力的具体体现,这些指标直接影响城市的生态反应能力。

二氧化硫排放量是评估大气环境污染程度的关键指标。二氧化硫是一种有害气体,主要来源于煤炭、石油等化石燃料的燃烧。二氧化硫排放量的下降表明城市在减少大气污染方面已取得初步成效,这对于改善空气质量、保护生态环境至关重要。同时,这也显示城市在优化能源结构和推广清洁能源等方面已有显著进步,进一步增强了城市的生态响应能力。

工业废水排放量是判断水环境污染程度的重要标准。工业废水常含有大量有害物质,如重金属和有机化合物,对水生生物和人类健康构成严重威胁。工业废水排放量的减少表明城市在水污染治理方面已取得实质性进展,这对保护水资源、维护生态平衡非常重要。同时,也反映了城市在调整产业结构、推广清洁生产技术等方面已取得一定成就,增强了城市的生态响应能力。

化肥施用量是评价农业环境污染程度的核心指标。化肥虽能提升农作物产量,但过量使用会对土壤和水体造成严重污染。化肥使用量的减少显示城市在推广绿色农业、减少农业污染方面已显现成效,这对保护农田生态环境、保障粮食安全至关重要。同时,也意味着城市在农业科技创新、发展生态农业等方面已取得一定成果,提升了城市的生态响应能力。

$PM_{2.5}$浓度是衡量大气污染程度的关键指标。$PM_{2.5}$指的是直径小于或等于2.5微米的颗粒物,主要由燃煤、汽车尾气等排放。$PM_{2.5}$浓度的降低表明城市在治理大气污染方面已取得有效成果,这对改善空气质量、保护公众健康至关重要。同时,也体现了城市在调整能源结构、推广新能源汽车等方面已取得一定进展,增强了城市的生态响应能力。

因此,长三角中小城市应强化环境保护措施,采取有效行动降低这四个关键指标的水平,从而提升城市的生态活力,为可持续发展建立坚实基础。通过降低这些指标的值,可以有效地提高一个地区的生态响应能力,促进生态系统的健康和持续发展。

二、长三角中小城市生态响应指数指标说明

(一) 工业二氧化硫排放量下降率

指标说明:二氧化硫排放量指标是衡量某一特定时间段和地区内,由于人类活动,尤其是化石燃料的燃烧(如煤炭、石油和天然气等)所排放到大气中的二氧化硫的总量。提高二氧化硫排放量下降率,昭示着该地区正在积极减少对环境的污染压力,提升其生态响应能力。通过采用清洁能源替代传统能源、提高能源利用效率、加强污染控制等措施,可以有效降低二氧化硫的排放量,从而显著提升生态响应能力。

计算方法:[(本期数值－基期数值)/基期数值]×100%

指标单位:百分比

指标性质:正向

数据周期:2021年,2022年

数据来源:省、地级市、县级市统计年鉴;县级市年鉴;县级市(区)国民经济和社会公报;省、地级市、县级市生态环境质量(状况)公报;县级市环境统计年报;环境统计年鉴

(二) 工业废水排放量下降率

指标说明:工业废水排放量是指在特定时间段内,各工业企业排放到环境中的废水总量。该指标通常用于衡量工业活动对水环境的影响程度,是环境监测和管理中的重要参数。降低工业废水排放量成为提升生态响应能力的关键举措。通过执行严格的废水排放准则、推广清洁生产技术及建设污水处理设施等手段,能够有效减轻工业废水对环境的负面冲击。

计算方法:[(本期数值－基期数值)/基期数值]×100%

指标单位:%

指标性质:正向

数据周期:2021年,2022年

数据来源:省、地级市、县级市统计年鉴;县级市年鉴;县级市(区)国民经济和社会公报;省、地级市、县级市生态环境质量(状况)公报;县级市环境统计年报;环境统计年鉴

(三) 化肥施用量下降率

指标说明：化肥施用量指标反映了在特定时间段内，农业生产中所使用的化肥总量。这个指标通常按化肥的种类（如氮肥、磷肥、钾肥等）和重量（如吨或千克）来衡量，有时也会根据施肥面积来计算平均施用量。合理控制化肥使用量对于提升生态响应能力至关重要。通过推广有机农业、优化施肥方案、加强农业废弃物的资源化利用等措施，可以有效减少化肥的使用量，保护生态环境。

计算方法：[（本期数值－基期数值）/基期数值]×100%

指标单位：%

指标性质：正向

数据周期：2021 年，2022 年

数据来源：省、地级市、县级市统计年鉴；县级市年鉴；县级市/区国民经济和社会公报；省、地级市、县级市生态环境质量（状况）公报；县级市环境统计年报；环境统计年鉴

(四) PM$_{2.5}$年均浓度下降率

指标说明：PM$_{2.5}$年均浓度是指一年内空气中细颗粒物（PM$_{2.5}$）浓度的平均值。降低 PM$_{2.5}$浓度是提升生态响应能力的关键所在，它不仅关乎城市空气质量的改善，更是保障公共健康和环境可持续性的重要措施，对于改善公众生活质量具有至关重要的意义。

计算方法：[（本期数值－基期数值）/基期数值]×100%

指标单位：%

指标性质：正向

数据周期：2021 年，2022 年

数据来源：省、地级市、县级市统计年鉴；县级市年鉴；县级市/区国民经济和社会公报；省、地级市、县级市生态环境质量（状况）公报；县级市环境统计年报；环境统计年鉴

三、长三角中小城市生态响应指数排名分析

(一) 长三角中小城市生态响应指数得分与排名

本报告采用四个指标来动态表征长三角中小城市的生态响应指数，它们分别是工业二氧化硫排放量下降率、工业废水排放量下降率、化肥施用量下降率以及 PM$_{2.5}$年均浓度下降率。这些指标不仅各自反映了城市生态系统在应对不同环境挑战时的改进程度，同时也描绘出这些城市在生态保护和可持续发展方面取得的进步。

根据学术研讨成果以及专家意见,考虑到各指标对长三角中小城市生态响应的影响均较大,因此采用等值赋权进行排名,排名结果见表5-1。

表5-1　长三角中小城市生态响应指数得分与排名

省 (直辖市)	地级市	县级市 (区、县)	生态响应指数	排名
浙江	金华	永康市	86.14	1
上海		青浦区	83.21	2
上海		宝山区	82.38	3
浙江	嘉兴	海宁市	80.90	4
上海		金山区	80.46	5
上海		闵行区	79.58	6
江苏	扬州	仪征市	78.49	7
上海		松江区	77.91	8
浙江	嘉兴	桐乡市	77.87	9
上海		嘉定区	77.87	10
上海		奉贤区	77.78	11
安徽	滁州	天长市	76.81	12
浙江	杭州	建德市	76.29	13
江苏	镇江	丹阳市	76.16	14
安徽	合肥	巢湖市	75.47	15
江苏	泰州	兴化市	75.43	16
江苏	南通	启东市	75.33	17
浙江	温州	乐清市	75.27	18
江苏	苏州	常熟市	74.96	19
浙江	金华	兰溪市	74.93	20

续　表

省（直辖市）	地级市	县级市（区、县）	生态响应指数	排名
浙江	温州	龙港市	74.38	21
江苏	扬州	高邮市	74.37	22
江苏	无锡	江阴市	74.03	23
江苏	苏州	张家港市	73.74	24
浙江	绍兴	诸暨市	73.28	25
江苏	南通	如皋市	73.28	26
江苏	苏州	太仓市	73.05	27
安徽	阜阳	界首市	73.03	28
江苏	泰州	靖江市	72.83	29
浙江	温州	瑞安市	72.52	30
浙江	丽水	龙泉市	72.37	31
浙江	绍兴	嵊州市	72.09	32
江苏	徐州	新沂市	71.92	33
浙江	嘉兴	平湖市	71.75	34
江苏	无锡	宜兴市	71.61	35
浙江	台州	临海市	71.47	36
浙江	金华	义乌市	71.42	37
上海		崇明区	71.33	38
浙江	宁波	慈溪市	71.23	39
江苏	南通	海安市	70.67	40
江苏	泰州	泰兴市	70.64	41
浙江	台州	温岭市	70.37	42

省 （直辖市）	地级市	县级市 （区、县）	生态响应指数	排名
江苏	盐城	东台市	70.24	43
浙江	衢州	江山市	69.73	44
安徽	宣城	宁国市	69.44	45
江苏	徐州	邳州市	68.91	46
江苏	常州	溧阳市	68.67	47
浙江	金华	东阳市	65.50	48
安徽	滁州	明光市	65.24	49
浙江	宁波	余姚市	65.01	50
安徽	宣城	广德市	64.85	51
浙江	嘉兴	嘉善县	63.83	52
江苏	苏州	昆山市	63.34	53
江苏	镇江	句容市	61.86	54
浙江	台州	玉环市	60.73	55
江苏	苏州	吴江区	59.79	56
安徽	安庆	桐城市	58.81	57
江苏	镇江	扬中市	56.34	58
安徽	安庆	潜山市	51.37	59
安徽	芜湖	无为市	36.33	60

（二）长三角中小城市生态响应指数得分排名分析

通过深入分析生态响应指数得分的统计概况，可以更加全面地洞察长三角中小城市在生态环境方面的表现和变化趋势，帮助识别出城市间在生态环境保护方面的努力和成效差异，以及潜在的环境压力点，为推动区域生态的持续改进和可持续发展政策的制定提供数据支持。

在长三角地区中小城市的生态响应指数得分的描述性统计中(见表5-2),平均值达到了71.24,这一数据显著地表明生态响应指数得分的平均水平处于"良好"范围内。这个结果进一步反映出,该地区的大多数城市在生态环境管理方面展现出了较为积极的态度和成效,充分显示出这些城市在生态环境保护方面的努力和成果。标准差为8.03,这一结果意味着一些中小城市生态响应表现优异,而另一些则可能需要进一步的生态改善措施。中位数为72.45,高于平均值71.24,这表明得分较高的城市拉高了整体中值,这意味着多数城市的生态响应表现较好,而少数城市较低得分可能对平均分产生下拉效应。长三角中小城市生态响应得分分布图同样证明了上述结果(见图5-1),大部分中小城市生态响应得分集中在70到80分之间,而低于40分和高于100分的数据则相对较少。

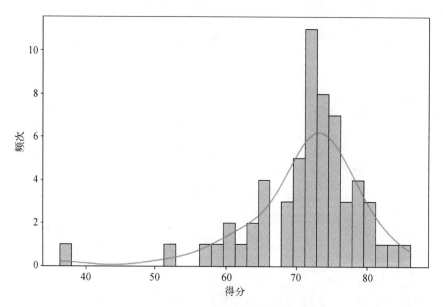

图5-1　长三角中小城市生态响应指数得分

表5-2　长三角中小城市生态响应指数得分描述性统计

平均值	标准差	最小值	中位数	最大值
71.24	8.03	36.33	72.45	86.14

在长三角中小城市生态响应指数排名前10的城市中(见图5-2),包括上海市的青浦区、宝山区、金山区、闵行区、松江区和嘉定区;浙江省的永康市、海宁市

和桐乡市;江苏省的仪征市。在上榜城市(区)数量中,上海占据 6 席,浙江省 3 席,江苏省 1 席。浙江省永康市以 86.14 分获得排名第 1。

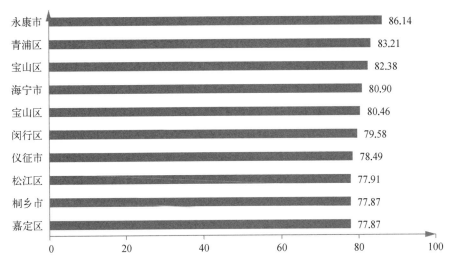

图 5 - 2 长三角中小城市生态响应指数排名前 10 城市

从工业废气和废水排放的控制来看,上海非中心城区普遍采取了严格的监管措施。例如,宝山区和松江区在上海市环境政策引领下,对重工业污染进行了严格控制,推行清洁生产和循环经济,有效降低了工业废气和废水的排放量。此外,两区还加强了对工业企业的日常监督检查,确保污染治理设施正常运行,减少污染物的排放。

永康市、青浦区和仪征市都在减少化肥施用量方面做出了积极的努力,并取得了一定的成效。通过推广绿色农业、优化施肥结构、提高肥料利用率等措施,这些城市不仅改善了农业生产的环境条件,也为农民增收提供了新途径,同时为区域生态环境保护和可持续发展做出了贡献。

对于 $PM_{2.5}$ 的控制,各上榜城市也做出了积极的努力。以永康市为例,该市通过增设空气监测站点,实时监控空气质量,及时发布污染预警,引导市民减少户外活动,减轻污染影响。同时,永康市还推动能源结构的优化调整,比如增加清洁能源比例,减少煤炭消费,以降低 $PM_{2.5}$ 的排放。

总体来看,上榜的长三角中小城市在生态响应的各个方面都展示了积极的进展和显著的成效,这对于推动区域内的可持续发展具有重要的示范和引领作用。各城市之间在环境保护上的良性竞争,也促进了整个长三角地区生态环境的整体提升。

(三) 长三角中小城市生态响应指数得分对比分析

从分省生态响应指数得分描述性统计结果可以看出(见表5-3),上海市非中心城区生态响应指数得分均值最高,而安徽省各中小城市生态响应指数得分均值相对较低,江苏省和浙江省得分均值比较接近,均在70左右。从标准差的结果可以看出,安徽省中小城市生态响应指数得分标准差波动最大,其数值高达13.03;上海市非中心城区则最为稳定,其数值仅为3.67;江苏省和浙江省的指数得分波动则介于上海市和安徽省之间。均在5左右。这表明上海市非中心城区生态响应的表现不仅在得分上较高,而且比较一致。从最大值和最小值的统计结果可以看出,上海市非中心城区生态响应指数得分不仅均值高,而且其最低得分也比其他省份的最低得分要高,显示出上海在生态环境响应方面的稳定性和高水平表现。相对而言,安徽省各中小城市生态响应指数得分波动较大,最低得分较低,但最高得分也能接近其他省份中小城市生态响应指数得分的最高水平。从分省生态响应指数得分中位数统计结果可以看出,上海市非中心城区生态响应指数得分中位数仍然是最高的,其数值高达78.74,而安徽省的指数得分中位数则相对较低,其数值为65.24。这进一步证实了上海市非中心城区在生态响应方面的表现相对较好。

表 5-3 分省生态响应指数得分描述性统计

省(市)	均值	标准差	最小值	中位数	最大值
上海	78.82	3.67	71.33	78.74	83.21
江苏	70.71	5.65	56.34	72.37	78.49
浙江	72.24	5.71	60.73	72.09	86.14
安徽	63.48	13.03	36.33	65.24	76.81

在各省生态响应指数得分超过70分以上中小城市数量占比方面(见图5-3),上海市所有非中心城区生态响应指数得分全部超过70分,占比为100%,这表明上海非中心城区在生态响应方面表现卓越。江苏省生态响应得分超过70分中小城市的数量为16,数量占比为73%;浙江省相应数量为16,数量占比为76%。这说明江苏省和浙江省生态响应指数得分在70分以上的中小城市数量占比均较高,特别是浙江,接近四分之三的中小城市生态响应指数得分超过70分,反映出其在生态保护和环境治理方面的整体实力和优秀表现。相

比之下,安徽省的情况则稍显逊色,生态响应指数得分超过 70 分的中小城市仅有 3 个,占比为 33%,说明安徽省中小城市在生态环保方面还有较大的提升空间。

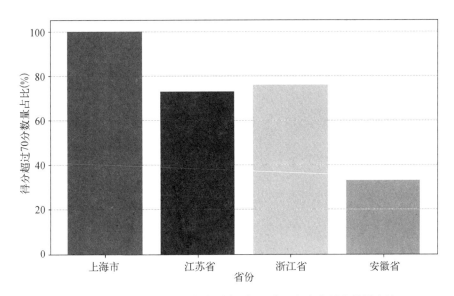

图 5 - 3　各省生态响应指数得分超过 70 分以上中小城市数量占比

四、长三角中小城市生态响应指数各分指标排名分析

(一) 工业二氧化硫排放量下降率排名分析

长三角地区 60 个中小城市(区、县)的工业二氧化硫排放量下降率的平均值为−13.77%,这意味着整体上这些城市的工业二氧化硫排放量实际在增加。这一统计结果的标准差为 110.94%,反映出各城市间在工业二氧化硫排放量的变动幅度相当大。尤其引人注目的是,最大的下降率达到−632.34%,表明至少在某些城市中,工业二氧化硫的排放量有了剧烈的增长。进一步观察工业二氧化碳排放量下降率的直方图(见图 5 - 4 左图),可以看出下降率的分布形态呈现出明显的右偏态,绝大多数城市的下降率集中在−50%～−100%的区间,而少数城市则出现了排放量的大幅增加。

从"工业二氧化硫排放量下降率核密度估计图"(见图 5 - 4 右图)可以看出,图形呈现出一个明显的单峰形状,数据密集地集中在 0 附近。这意味着长三角地区大部分中小城市的工业二氧化硫排放量下降率接近于 0,反映出在多数情况下,这些城市的工业二氧化硫排放量变化微小。此外,数据分布的对称性表明

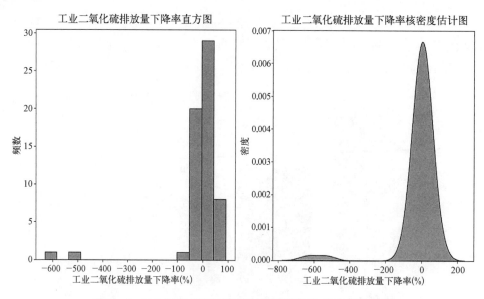

图5-4 工业二氧化硫排放量下降率直方图、核密度估计图

工业二氧化硫排放量下降率的分布相对均匀。数据的峰值在0附近,进一步证实了在大多数情况下,工业二氧化硫排放量的下降率相对较小。图中还显示出,随着工业二氧化硫排放量的减小,其下降率的概率逐渐增大,说明工业二氧化硫排放量的变化幅度逐渐减小。

通过对长三角中小城市工业二氧化硫排放量下降率的排名来进一步分析。根据图5-5所示的前10位城市排名,江苏省中小城市在控制工业二氧化硫排放方面表现突出,共有5个城市跻身前10,分别是仪征市、苏州市吴江区、扬中市、启东市和兴化市。苏州市吴江区,它通过实施严格的环保政策和鼓励绿色技术的应用,推动企业向高端化、智能化、绿色化方向发展。

浙江省中小城市在控制工业二氧化硫排放方面同样表现不俗,共有4个城市跻身前10,分别是平湖市、永康市、桐乡市和龙港市,特别是平湖市位列榜首。这显示出浙江省在控制工业污染方面的坚定决心和显著成效,例如,永康市制定《打赢蓝天保卫战三年行动计划》,明确提出通过推广使用清洁能源和优化工业结构,实现二氧化硫排放量显著减少。

安徽省天长市虽然是唯一进入前10的安徽省中小城市,但这一成绩同样值得肯定。天长市近年来通过引进先进的环保设施和技术,大力提升了其工业排放治理能力。

总体来说,在长三角地区的中小城市中,工业二氧化硫排放量的变动幅度不

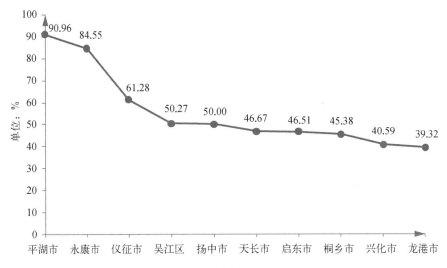

图 5‑5　工业二氧化硫排放量下降率排名前 10 名城市

大,且随着排放量的减小,其变动幅度有进一步缩小的趋势。这表明,长三角中小城市在控制工业二氧化硫排放方面采取了有效措施,或者其工业活动的总体水平相对稳定,从而使得排放量的年度变化维持在一个较低的水平。

(二)工业废水排放量下降率排名分析

长三角地区 60 个中小城市(区、县)的工业废水排放量下降率平均值为 −4.72%,这表明相较于上一年度,这些城市的工业废水排放量总体呈现轻微上升趋势。工业废水排放量下降率的标准差为 29.92%,这说明各城市间工业废水排放量的变动幅度存在一定差异。下降率最小值为 −134.99%,最大值为 47.71%,这两个极端值暗示少数长三角中小城市工业废水排放量可能存在异常情况。进一步观察工业废水排放量下降率的直方图(见图 5‑6),可以看出下降率的分布形态也呈现出明显的右偏态,大多数中小城市工业废水的下降率集中在 −25%~25%,少数中小城市出现了工业废水排放量的增加。

对比长三角地区各省市中小城市的工业废水排放量下降率(见图 5‑7)可以看出,江苏省中小城市的工业废水排放量下降率平均值为 −14.26%,在长三角地区各省市中增加幅度最为显著,这一数据揭示出江苏省在 2021 至 2022 年间工业废水排放量呈上升趋势,提示政府需采取多维度、综合性对策来应对这一环境挑战。安徽省中小城市的工业废水排放量下降率平均值为 −7.75%,反映出在降低工业废水排放方面,安徽省中小城市仍需加大努力。浙江省中小城市的工业废水排放量下降率平均值为 2.82%,相较于其他省份,浙江在减少工业废

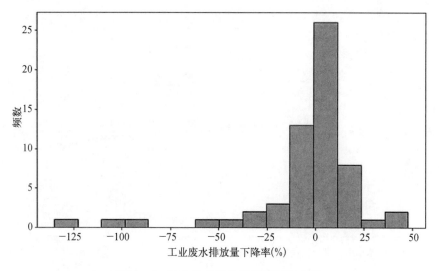

图 5-6 工业废水排放量下降率直方图

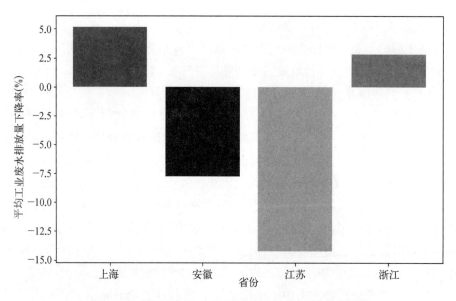

图 5-7 各省(市)工业废水排放量下降率平均值对比

水排放方面有令人瞩目的表现。上海市非中心区的工业废水排放量下降率平均值为 5.17%,在长三角地区所有省市中表现最为优异,充分展现了上海非中心区在工业废水减排领域取得的显著成效。

通过对长三角中小城市工业废水排放量下降率的排名来进一步分析。根据图 5-8 所示的前 10 位城市排名数据,江苏省中小城市在控制工业废水排放方面表现突出,共有 4 个城市跻身前 10,分别是兴化市、高邮市、启东市和靖江市,这显示出在环保领域的实践中,特别是在工业废水排放控制方面,江苏省中小城市取得了令人瞩目的成就。兴化市通过实施严格的排污许可制度和加大对违法排污行为的打击力度,成功降低了工业废水排放量。高邮市则注重提升污水处理设施的建设和运营水平,有效提高了工业废水的处理效率。启东市和靖江市则分别通过推广清洁生产和循环经济理念,引导企业减少废水产生,同时加强监管和执法力度,确保环保政策得到有效执行。

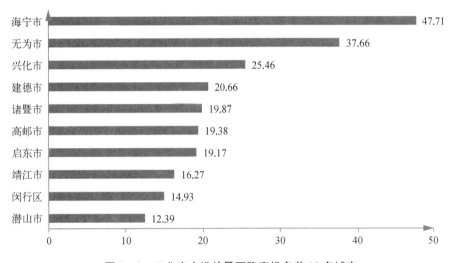

图 5-8　工业废水排放量下降率排名前 10 名城市

　　同样,浙江省中小城市在控制工业废水排放方面也表现不俗,共有 3 个城市跻身前 10,分别是海宁市、建德市和诸暨市,特别是海宁市排名第 1。海宁市通过实施严格的环保政策和措施,例如,推动企业采用先进的废水处理技术和设备,实施重点污染源自动监控,以及推广清洁生产等方法,大幅度减少了工业废水的排放量。此外,海宁市还积极探索生态工业园区的建设,鼓励企业间的物质循环利用和能源共享,有效降低了整体的环境负荷。建德市和诸暨市也不甘落后,通过加强环境监管、提升污水处理设施的效率、引导企业实施绿色生产方式等举措,实现了工业废水排放量的显著下降。这些城市的成功经验不仅提升了浙江省在环境保护领域的整体形象,也为其他城市提供了宝贵的借鉴。

　　安徽省共有 2 个城市荣登前 10 名,分别是排名第二的无为市和排名第十的潜山市。无为市以其卓越的表现位列第 2,这得益于其实施的一系列创新环保措施。无为市积极推广清洁生产技术,鼓励企业采用低污染、低排放的生产工艺,同时加大对环保基础设施的投入,如建设高效的污水处理厂,确保工业废水得到有效处理。潜山市虽然排名第10,但也展现了其在工业废水管理方面的努力和成效。潜山市注重提升环保意识和公众参与。同时,优化工业布局,推动产业结构调整,引导企业向环境友好型产业转型,减少高污染行业的比重。

闵行区作为上海非中心城区的代表,位列第9。闵行区的成功在于其综合性的环保措施和持续的努力。该区通过优化产业结构,减少高污染、高耗水的行业比重,同时积极推广清洁生产技术,鼓励企业采用节水和减少污染的生产工艺。此外,闵行区还加大了对环保基础设施的投资,如建设和升级污水处理厂,提高废水处理的效率和质量。

总体来看,长三角地区中小城市在控制工业废水排放方面已经取得了一定的进展,但仍有提升空间。以安徽省为例,尽管无为市和潜山市进入前10,但总体来看,安徽省的表现仍落后于江苏省和浙江省。这表明在环境管理和产业调整方面仍需加大力度。上海市非中心区整体表现未能进入前列,反映出在减排措施的落实上需要进一步的改进和提高。未来应继续加强环境政策的执行力度,推动技术创新,并增强公众的环保意识,形成政府、企业和民众共同参与的良好环保态势,共同为打造绿色发展的长三角地区而努力。

(三) 化肥施用量下降率排名分析

长三角地区60个中小城市(区、县)的化肥施用量下降率平均值为1.63%,显示出总体化肥使用量略有减少;中位数为0.71%,超过半数的城市化肥使用量下降率在此数值以下,意味着多数地区化肥施用减少并不显著;标准差为3.43,揭示出化肥使用量下降率的波动相对较小。然而,化肥使用量下降率的极值点分别为－14.14%和13.92%,表明极少数城市的化肥施用量经历了较大幅度的变动。

从化肥施用量下降率的直方图(见图5-9左图)可以发现,数值主要集中在0附近,这意味着大部分区域的化肥施用量并未发生显著变化。该分布相对紧凑,位于－15%~15%的区间内,表明不同城市间化肥施用量的波动幅度大体相似。直方图的轻微左偏态势,反映出部分中小城市化肥施用量的下降率较高,而大多数中小城市的下降率则较低或保持稳定。

核密度图(见图5-9右图)展示了概率密度在0值附近达到峰值,进一步证实了化肥使用量下降率集中于此区域。同时,该图也显示出轻微的左尾偏重,揭示了少数异常值的存在。核密度图的尾部延伸至－20%,说明尽管多数中小城市的化肥使用量下降幅度有限,但仍有极少数中小城市经历了较大幅度的减少。

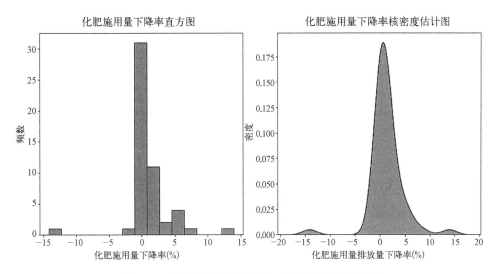

图 5 - 9　化肥施用量下降率直方图、核密度估计图

通过分析长三角中小城市化肥使用量下降率的排名,我们可以揭示更多经验。如图 5 - 10 所示,浙江省表现突出,有 4 个中小城市跻身前 10 位,分别是永康市、平湖市、建德市和兰溪市。特别是永康市,以其显著的优势荣登榜首,这无疑凸显了浙江省中小城市在化肥施用量控制方面的卓越成就。这一结果可能与该省积极推行的农业发展政策和严格的环境保护措施密切相关。以永康市为

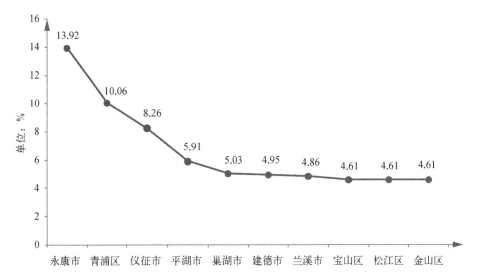

图 5 - 10　化肥施用量下降率排名前 10 名城市

例,作为浙江省的一个县级市,其化肥施用量的大幅下降,很可能源于当地政府对绿色农业的大力推广、化肥使用量的精准控制以及农业生产效率的显著提升。

上海市也有4个非中心城区名列前10,分别为青浦区、宝山区、松江区和金山区。这些成就都得益于上海市政府对环境保护和绿色发展的高度重视。上海市在推动生态农业模式、使用生物农药和生物肥料,以及优化作物种植结构以减少化肥依赖等方面做出了积极努力。这些举措不仅显著降低了化肥的施用量,还提升了农产品的品质和生态环境的质量。此外,上海市与江苏省、浙江省在经济、文化等方面的紧密联系,也为区域绿色农业的发展提供有力支持。

江苏省和安徽省各有1个城市上榜,分别是仪征市和巢湖市。仪征市的成功表明,地方政府对农业可持续发展的高度重视以及相关政策的有效实施对于降低化肥使用量至关重要。而巢湖市则通过实施农田土壤改良计划,优化肥料使用结构,推广有机和无机肥料的混合使用,显著降低化肥的使用量。同时,巢湖市还积极推广保护性耕作和多样化作物轮作系统,进一步减少对化肥的依赖。

总体来说,长三角中小城市在化肥施用量下降方面取得了显著的成绩。这充分展示了地方政府对农业可持续发展的坚持以及相关政策的有效实施对于推动绿色农业发展的重要性。同时也反映了长三角地区在推进绿色农业发展方面的整体实力和巨大潜力。

(四) $PM_{2.5}$ 年均浓度下降率排名分析

长三角地区60个中小城市(区、县)$PM_{2.5}$年均浓度下降率平均值为1.31%,这一数据揭示出在观测的中小城市中,$PM_{2.5}$的年均浓度总体呈现出轻微下降的趋势。然而,6.16%的标准差表明各中小城市在$PM_{2.5}$下降率的数据分布上存在显著的波动性。中位数为1.84%,这意味着总体上$PM_{2.5}$年均浓度的变化并不大。值得注意的是,最小值为−24.64%,这一异常的数据显示,某一区域在$PM_{2.5}$年均浓度上相比于上一年度出现大幅上升。而最大值11.43%,则表明某一区域在$PM_{2.5}$年均浓度上相比于上一年度有较大幅度的下降。通过观察$PM_{2.5}$年均浓度下降率的直方图(见图5-11),可以发现直方图的高峰偏向左侧,尤其是在0附近,这表明大多数区域的$PM_{2.5}$年均浓度下降率较低,甚至部分区域的$PM_{2.5}$年均浓度没有变化(下降率为0)。这一现象反映出整体上$PM_{2.5}$年均浓度下降幅度有限,凸显出长三角地区在空气质量改善方面还有较大的提升空间。

在分析长三角地区各省市中小城市的$PM_{2.5}$年均浓度下降率时(见图5-12),我们发现了一组引人注目的数据。上海市非中心城区在这一方面表现尤为突出,其$PM_{2.5}$年均浓度下降率均值高达近7%,这一显著的数据彰显了上海市在空气质量改善方面取得的显著成效。

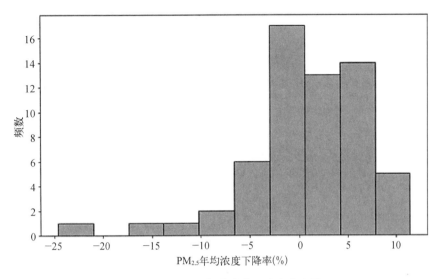

图 5‑11　PM$_{2.5}$年均浓度下降率直方图

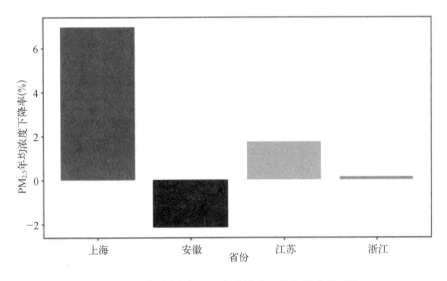

图 5‑12　各省(市)PM$_{2.5}$年均浓度下降率平均值对比

　　与此同时,江苏省和浙江省的中小城市在 PM$_{2.5}$年均浓度方面也展现出不同程度的下降趋势,尽管其降幅并未达到上海的水平。然而,与这两省市相比,安徽省中小城市的 PM$_{2.5}$年均浓度却呈现出上升态势,这一现象无疑揭示了该地区在空气质量管理方面正面临着更为严峻的挑战。

　　这些结果不仅反映了长三角地区各省市中小城市在 PM$_{2.5}$浓度下降幅度上存在的差异,也暴露出部分地区在空气污染治理上的困境。这一现实表明,各地在制定环境政策和采取相应措施时,必须充分考虑本地的实际情况,进行针对性的调整和优化,从而更有效地改善空气质量。

通过对长三角中小城市 $PM_{2.5}$ 年均浓度下降率的排名来进一步分析。根据图 5-13 所示的前 10 位城市排名数据,上海市非中心城区在控制 $PM_{2.5}$ 浓度上表现突出,共有 6 个非中心城区跻身前 10,分别是宝山区、闵行区、金山区、嘉定区、青浦区和松江区。这一成绩不仅展示了上海在环境保护工作上的显著成效,同时也反映了其在深化 $PM_{2.5}$ 控制方面的积极努力。通过加强大气固定源与移动源的协同监管,以及积极推进本地与长三角区域的协同治理,上海有效地提升了空气质量管理的水平。这些措施不仅优化了城市的生活环境,还为区域环境保护树立了良好的示范。

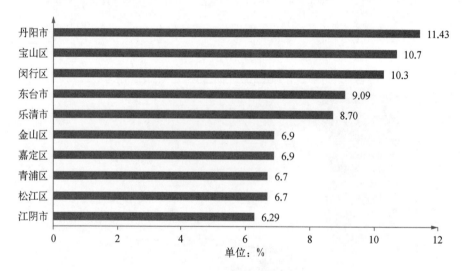

图 5-13 $PM_{2.5}$ 年均浓度下降率排名前 10 名城市

江苏省共有 3 座中小城市荣誉上榜,分别是丹阳市、东台市和江阴市,其中丹阳市更是荣登榜首。这一佳绩不仅彰显了这些城市在大气污染治理方面的显著成就,也反映了其在环境管理上的不懈努力。特别是丹阳市,其 $PM_{2.5}$ 年均浓度下降率的领先表现,主要得益于当地政府在减少工业排放和强化环境监管方面的积极措施。

浙江省乐清市是唯一进入前 10 的中小城市,排名第 6。乐清市的这一表现说明该市在改善空气质量和控制工业污染方面采取了有效措施。通过强化环保规定和推动产业结构优化,乐清市在保持经济活力的同时,也成功地降低了环境污染水平。

整体来看,长三角地区的中小城市在降低 PM$_{2.5}$年均浓度方面取得了不少成果。地方政府的努力和对环保政策的有效执行是这些城市得以改善空气质量的关键因素。同时,这也显示了区域合作在解决环境问题中的重要作用,通过共享经验和技术,各城市能更有效地制定和实施环保措施。

五、长三角中小城市生态响应指数相关性分析

通过深入分析生态响应指数中各指标之间的关联性,我们能够更全面地理解不同因素之间的相互作用及其对生态系统的影响。这种分析为生态保护措施的实施提供了坚实的科学依据,有助于提升措施实施的有效性。基于图 5 - 14所展示的数据,我们可以得出以下结论:

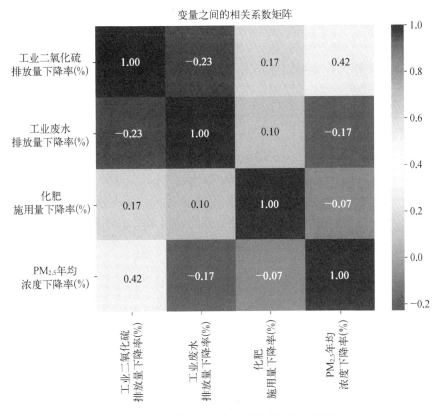

图 5 - 14　生态响应各指标的相关系数矩阵图

首先,"工业二氧化硫排放量下降率"与"工业废水排放量下降率"之间存在着轻微的负相关性,其相关系数约为−0.23。这种负相关关系表明,随着工业二

氧化硫排放量的降低,工业废水排放量的下降幅度可能并不会如预期那样增加,反而可能表现出轻微的减缓趋势。尽管这种反向变动的幅度不大,它却揭示了一个有趣的现象:在某些情况下,减少某一种污染物的排放并不总是带来其他污染物减排效果的提升,环境保护的复杂性由此可见一斑。

其次,"工业二氧化硫排放量下降率"与"化肥施用量下降率"存在轻微的正相关关系,相关系数仅为0.17。这表明工业二氧化硫排放量的下降可能伴随着化肥施用量下降率的轻微提升。虽然这种正向关联并不明显,但它至少提示我们,在追求空气质量改善的同时,农业生产领域的环境友好型转变也在悄然发生。这种同步的积极变化,无疑为我们的环境保护工作带来了一丝乐观的气息。

然而,"工业二氧化硫排放量下降率"与"$PM_{2.5}$年均浓度下降率"之间相关系数达到了0.42,揭示出这两个指标之间存在中等程度的正相关关系。这意味着工业二氧化硫排放量的下降,可能会带来$PM_{2.5}$年均浓度下降率的显著提升,从而直接反映出空气质量的改善。这种关联性的显现,不仅验证了我们减排措施的有效性,也为我们在未来的环保工作中指明了方向。

综合以上分析,除了与"$PM_{2.5}$年均浓度下降率"之间存在中等程度的正相关性外,"工业二氧化硫排放量下降率"与其他环境指标的相关性普遍较弱。这可能暗示着,尽管这些指标都与生态保护和污染控制紧密相关,它们之间的直接联系却并不十分强烈,背后可能还隐藏着更为复杂的影响因素。这些因素或许涉及产业结构的调整、技术进步的应用、法律法规的完善以及公众环保意识的提升等各个方面。因此,在未来的环境治理中,也需要关注那些潜在的、可能对环境指标产生影响的非量化因素,通过更加全面的视角来审视和解决环境问题。

六、长三角中小城市生态响应指数聚类分析

(一) 长三角中小城市生态响应指数聚类结果

对长三角中小城市(区、县)生态响应指数进行聚类分析,可以总结中小城市在生态响应上的共同特质。为了避免过于主观确定聚类数目,我们先采取组内平方和误差的方法来确定最佳聚类数(见图5-15),然后再进行聚类分析(见图5-16)。

长三角中小城市(区、县)生态响应聚类结果如下(见表5-4):

聚类1的中小城市一共有14个,包括宝山区、嘉定区、松江区、金山区、青浦区、奉贤区、仪征市、建德市、海宁市、平湖市、桐乡市、兰溪市、永康市、巢湖市。这一聚类囊括了6个上海市非中心城区、1个江苏省中小城市、6个浙江省中小城市、1个安徽省中小城市。在聚类1的区间里,上海市非中心城区和浙江省中小城市的数量占主体,数量均接近一半。

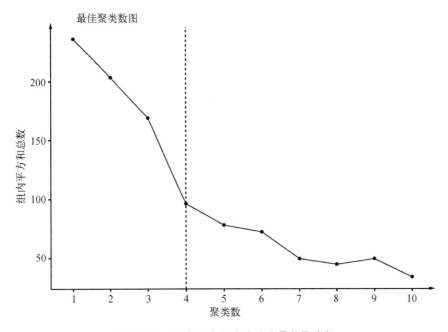

图 5 - 15　组内平方和方式确定最佳聚类数

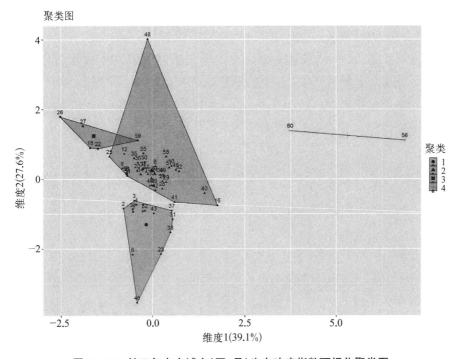

图 5 - 16　长三角中小城市(区、县)生态响应指数可视化聚类图

表5-4 长三角中小城市(区、县)生态响应聚类结果

类 别	市(区、县)
聚类1	宝山区、嘉定区、松江区、金山区、青浦区、奉贤区、仪征市、建德市、海宁市、平湖市、桐乡市、兰溪市、永康市、巢湖市
聚类2	闵行区、崇明区、江阴市、宜兴市、新沂市、邳州市、溧阳市、常熟市、张家港市、昆山市、太仓市、启东市、如皋市、海安市、高邮市、丹阳市、兴化市、靖江市、泰兴市、余姚市、慈溪市、瑞安市、乐清市、龙港市、嘉善县、诸暨市、嵊州市、义乌市、东阳市、江山市、玉环市、温岭市、临海市、龙泉市、界首市、天长市、明光市、宁国市、广德市
聚类3	吴江区、东台市、扬中市、句容市、桐城市
聚类4	无为市、潜山市

聚类2的中小城市(区、县)一共有39个,包括闵行区、崇明区、江阴市、宜兴市、新沂市、邳州市、溧阳市、常熟市、张家港市、昆山市、太仓市、启东市、如皋市、海安市、高邮市、丹阳市、兴化市、靖江市、泰兴市、余姚市、慈溪市、瑞安市、乐清市、龙港市、嘉善县、诸暨市、嵊州市、义乌市、东阳市、江山市、玉环市、温岭市、临海市、龙泉市、界首市、天长市、明光市、宁国市、广德市。这一聚类囊括了17个江苏省中小城市、15个浙江省中小城市、5个安徽省中小城市、2个上海市非中心城区。在聚类2的区间里,江苏省和浙江省中小城市数量占主体。

聚类3的中小城市(区)一共有5个,包括吴江区、东台市、扬中市、句容市、桐城市。这一聚类囊括了4个江苏省中小城市(区)和1个安徽省中小城市。在聚类3的空间里,江苏省中小城市(区)数量占主体。

聚类4的中小城市一共有2个,包括无为市、潜山市。这一聚类囊括了2个安徽省中小城市。

(二) 长三角中小城市生态响应聚类结果分析

聚类1所涉及的中小城市主要汇聚于上海市的非中心城区及浙江省。根据统计结果,这些城市在减少工业二氧化硫排放方面取得了显著成果,平均下降率达到了14.83%。同时,在工业废水处理方面也展现出积极的进步态势,平均排放量下降率为7.71%。化肥施用量的平均下降率为5.89%,反映出这些城市在降低化肥使用量上亦付出了不少努力。至于空气中$PM_{2.5}$年均浓度方面,平均下降率为2.68%,虽然改善幅度相对较小,但仍表明空气质量有所提升。

这类城市(区)在环境保护方面展现出较好的表现,尤其是在工业二氧化硫

排放量、工业废水排放量以及化肥施用量的控制上,环保措施的效果显现无遗。虽然 PM$_{2.5}$ 年均浓度的下降率相对较低,但依旧维持着正向发展的趋势,说明空气质量正逐步得到改善。

聚类 2 所涵盖的中小城市主要分布在江苏省和浙江省,同时涉及部分安徽省及上海市的城市。根据统计结果,这些城市的工业二氧化硫排放量下降率平均值仅为 0.10%,几乎持平,未能显著降低排放量。工业废水排放量同样稳定,平均下降率仅为 0.06%,表明在工业废水处理上未见明显变化。化肥施用量的平均下降率为 0.31%,尽管有所减少,但成效相对有限。至于 PM$_{2.5}$ 年均浓度方面,平均下降率为 1.41%,虽有一定进展,但整体改善幅度尚显不足。

与聚类 1 的城市相比,聚类 2 的城市在各项环境改善指标上的表现较为一般。特别是工业二氧化硫排放量和工业废水排放量的下降率接近零,未呈现出明显的积极变化。化肥施用量的轻微增加也值得关注。不过,PM$_{2.5}$ 年均浓度的下降率显示出轻微的改善。

聚类 3 的中小城市主要由江苏省的城市组成,这类城市在工业二氧化硫排放量下降方面表现出色,但工业废水排放量的下降率异常低。化肥施用量和 PM$_{2.5}$ 年均浓度的下降率均显示出较小的正值,表明在一定程度上进行了环境保护措施。

聚类 4 的中小城市全是安徽省的城市,这类城市在工业废水排放量和化肥施用量的下降率均为正值,表明在这些方面采取了环保措施。然而,工业二氧化硫排放量下降率上出现了较大负值,PM$_{2.5}$ 年均浓度下降率为负,表明生态保护工作仍有改善空间。

七、长三角中小城市生态响应指数报告结论与建议

(一) 结论

在长三角区域内中小城市(区、县)的生态响应指数排名中,前 30 位的城市里,上海有 7 个非中心城区入围,数量占比高达 87.5%;江苏省 11 个城市上榜,数量占比达到 50%;浙江省 9 个城市入选,数量占比为 42.86%;安徽省则有 3 个城市入围,数量占比为 33.33%。综合来看,上海市非中心城区在生态响应综合实力上占据显著优势;浙江省与江苏省在生态响应综合实力上较为接近;而安徽省的中小城市则展现出较大的发展潜力。

(二) 建议

长三角地区作为中国经济的强劲引擎,区域内中小城市的生态响应表现不仅直接关系到当地居民的生活品质,更是影响区域可持续发展的核心要素。对

这些城市的生态状况进行深入剖析,为推出合理的环境保护措施、促进区域协调发展具有不容忽视的现实重要性。为了进一步提升长三角中小城市的生态响应能力,我们应从以下几个关键领域入手:

1.优化能源结构,强化脱硫技术,提升排放标准,增强环保意识

积极推广低硫煤的使用,同时倡导清洁能源,如天然气、太阳能和风能等的广泛应用。在燃煤电厂和重化工产业中,提升烟气脱硫技术的应用,增进脱硫效率及覆盖范围。设定更为严格的排放限值,加强监管力度,确保所有企业都能达到新的排放标准。通过教育和广泛的宣传活动,增强公众对于二氧化硫及其危害的认识,鼓励大众积极参与减排行动。

2.完善废水处理设施,推行循环经济,严格排污许可制度,加强跨界合作

激励企业建设和完善废水处理设施,采纳高效的废水净化技术。推广工业用水的循环利用和废水的回收再用,以减少新鲜水资源的消耗和废水的排放。实行更为严苛的排污许可制度,严格控制排放量和标准。鉴于水污染的跨域特性,流域内各城市间需要加强沟通协调与合作。

3.推广有机肥和绿肥,实施精准施肥,加大科研投入,加强农技培训

大力推广有机肥料和绿肥的使用,以降低化肥使用量。依据土壤测试和作物需求分析,采用精准施肥技术,避免化肥的过量使用。增加对新型肥料和先进施肥技术的研发投入,提高化肥使用的效率。举办农技培训课程,教育农民正确了解和使用化肥,减少其对环境的负面影响。

4.严格扬尘控制,淘汰老旧车,加强工业粉尘治理,建立空气质量监测网络

在建筑工地和城市道路执行严格的扬尘控制措施。加速淘汰老旧汽车,推广新能源以及清洁能源汽车。针对产生大量粉尘的工业企业,实行粉尘治理措施。完善空气质量监测网络,及时发布空气状况信息。

上述措施将极大改善长三角中小城市的生态环境,促进区域可持续发展。此外,还需要政府、企业和公众三者的共同努力,以及跨区域、跨部门的协作与配合。唯有如此,长三角地区才能实现经济发展与环境保护的双赢局面。

（作者:梅燃）

第六章

长三角中小城市生态效益指数报告

一、长三角中小城市生态效益指数指标体系

生态效益是指人们在生产活动中,依据生态平衡规律,使自然界的生物系统对人类的生产、生活条件和环境条件产生的有益影响和有利效果。它关系到人类生存发展的根本利益和长远利益。本课题在研究长三角中小城市生态效益的时候,考察了四个方面:建成区绿化覆盖率、节能环保支出占 GDP 比重、燃气普及率、城镇生活污水集中处理率。由这四个指标构成长三角中小城市生态效益指数指标体系(见表 6 - 1)。

表 6 - 1　长三角中小城市生态效益指数指标体系

指数名称	指 标 名 称
生态效益	建成区绿化覆盖率
	节能环保支出占 GDP 比重
	燃气普及率
	城镇生活污水集中处理率

二、长三角中小城市生态效益指数指标说明[①]

(一) 建成区绿化覆盖率

指标说明:建成区绿化覆盖率是衡量城市绿化状况的一个重要指标,它反映了城市建成区内绿化覆盖的程度。建成区绿化覆盖率的定义:建成区绿化覆盖率是指城市建成区的绿化覆盖面积占建成区总面积的百分比。其中,绿化覆盖面积是指城市中乔木、灌木、草坪等所有植被的垂直投影面积。

[①] 少数城市未公布 2022 年相关指标数据,采用临近年份数据代替或按照人口比例推算得到近似值。

计算公式：（建成区绿化覆盖面积/建成区面积）×100%

指标单位：%

指标性质：正向

数据来源：各级政府统计年鉴与统计公报等

数据周期：2022 年

（二）节能环保支出占 GDP 比重

指标说明：节能环保支出占 GDP 的比重反映了政府对节能减排和环境保护的重视程度，以及对环境保护和资源节约的财政投入情况。

指标单位：%

指标性质：正向

数据来源：各级政府统计年鉴与统计公报等

数据周期：2022 年

（三）燃气普及率

指标说明：燃气普及率是一个反映城市燃气设施覆盖程度的重要指标，具体指报告期末使用燃气的城市人口数与城市人口总数的比率。

指标单位：%

指标性质：正向

数据来源：各级政府统计年鉴与统计公报等

数据周期：2022 年

（四）城镇生活污水集中处理率

指标说明：城镇生活污水集中处理率是一个反映城市污水治理水平的重要指标，它指的是城市市区经过城市污水处理厂二级或二级以上处理且达到排放标准的生活污水量与城市生活污水排放总量的百分比。

指标单位：%

指标性质：正向

数据来源：各级政府统计年鉴与统计公报等

数据周期：2022 年

三、长三角中小城市生态效益指数指标权重

本报告采用建成区绿化覆盖率、节能环保支出占 GDP 比重、燃气普及率、城镇生活污水集中处理率 4 个指标评估了长三角中小城市生态效益指数。采用主观赋权的方法对四个指标的权重进行赋权（见表 6-2）。建成区绿化覆盖率是反映生态效益的重要指标，故将其权重值分配为 0.3。节能环保支出占 GDP 比重反映了

各城市政府环保投资的力度和对生态环境的重视程度,直接影响生态效益,而且各地差异较大,因此赋权为0.35。燃气普及有助于减少环境污染,提高空气质量,推动绿色低碳发展,但由于其在各个城市之间差异程度不是特别大,因此赋权为0.1。城镇生活污水集中处理率是一个反映城市污水治理水平的重要指标,赋权为0.25。

表6-2　长三角中小城市生态效益指数指标权重

指　标	权　重	指　标	权　重
建成区绿化覆盖率	0.3	节能环保支出占 GDP 比重	0.35
燃气普及率	0.1	城镇生活污水集中处理率	0.25

四、长三角中小城市生态效益指数排名

(一)生态效益指数排名

表6-3　生态效益指数前30名城市

省	地级市	县级市(区)	生态效益指数	排名
浙江	台州	临海市	67.80	1
安徽	阜阳	界首市	67.07	2
浙江	丽水	龙泉市	65.25	3
浙江	金华	永康市	63.16	4
上海		崇明区	62.92	5
安徽	滁州	天长市	62.35	6
浙江	嘉兴	嘉善县	62.18	7
江苏	苏州	张家港市	61.57	8
安徽	合肥	巢湖市	60.74	9
江苏	泰州	靖江市	60.67	10
江苏	苏州	太仓市	60.66	11

续　表

省	地级市	县级市（区）	生态效益指数	排名
江苏	无锡	宜兴市	59.62	12
浙江	宁波	余姚市	59.52	13
江苏	苏州	常熟市	58.82	14
江苏	无锡	江阴市	58.71	15
浙江	衢州	江山市	58.64	16
安徽	滁州	明光市	58.59	17
江苏	苏州	昆山市	58.30	18
浙江	金华	东阳市	58.05	19
浙江	杭州	建德市	57.76	20
江苏	常州	溧阳市	57.75	21
浙江	宁波	慈溪市	57.74	22
江苏	徐州	新沂市	57.59	23
浙江	嘉兴	海宁市	57.35	24
上海		青浦区	57.01	25
上海		奉贤区	57.01	26
浙江	嘉兴	桐乡市	56.97	27
江苏	南通	启东市	56.91	28
江苏	苏州	吴江区	56.63	29
浙江	台州	温岭市	56.57	30

表 6-3 显示了生态效益指数排名前 30 的城市及其具体得分。最大值为 67.80，最小值为 34.09，平均值为 54.22。全部城市的生态效益指数分布情况如生态效益指数散点图所示（见图 6-1）。

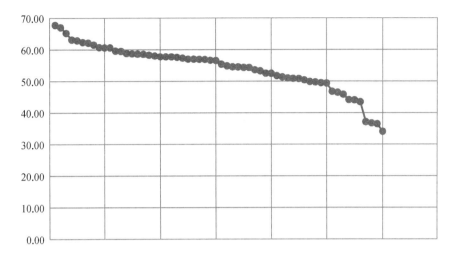

图 6 - 1　生态效益指数散点图

　　基于生态效益指数得分,可以把长三角中小城市分为 3 类(见表 6 - 4)。第 1 类是 A,是指生态效益指数得分在 60~70 分之间的城市,包括:临海市、界首市、龙泉市、永康市、崇明区、天长市、嘉善县、张家港市、巢湖市、靖江市、太仓市。以上这些城市在生态效益方面表现优秀。第 2 类是 B,是指生态效益指数得分在 50~60 分之间的城市,包括:宜兴市、余姚市、常熟市、江阴市、江山市、明光市、昆山市、东阳市、建德市、溧阳市、慈溪市、新沂市、海宁市、青浦区、奉贤区、桐乡市、启东市、吴江区、温岭市、瑞安市、金山区、乐清市、兰溪市、如皋市、平湖市、义乌市、无为市、邳州市、嵊州市、泰兴市、玉环市、广德市、诸暨市、松江区、潜山市。以上这些城市在生态效益方面表现中等。第 3 类是 C,是指生态效益指数得分在 30~50 分之间的城市,包括:闵行区、宁国市、丹阳市、兴化市、东台市、桐城市、高邮市、龙港市、仪征市、句容市、海安市、扬中市、宝山区、嘉定区。以上这些城市在生态效益方面表现欠佳。分布态势见图 6 - 2,第 1 类平均值为63.12,有 11 个城市。第 2 类平均值为 55.58,有 35 个城市。处于 B 类(中等)的城市数量最多。第 3 类平均值为 43.83,有 14 个城市。

表 6 - 4　基于生态效益指数的长三角中小城市分类

A(60~70 分)	临海市、界首市、龙泉市、永康市、崇明区、天长市、嘉善县、张家港市、巢湖市、靖江市、太仓市

续 表

B(50~60分)	宜兴市、余姚市、常熟市、江阴市、江山市、明光市、昆山市、东阳市、建德市、溧阳市、慈溪市、新沂市、海宁市、青浦区、奉贤区、桐乡市、启东市、吴江区、温岭市、瑞安市、金山区、乐清市、兰溪市、如皋市、平湖市、义乌市、无为市、邳州市、嵊州市、泰兴市、玉环市、广德市、诸暨市、松江区、潜山市
C(30~50分)	闵行区、宁国市、丹阳市、兴化市、东台市、桐城市、高邮市、龙港市、仪征市、句容市、海安市、扬中市、宝山区、嘉定区

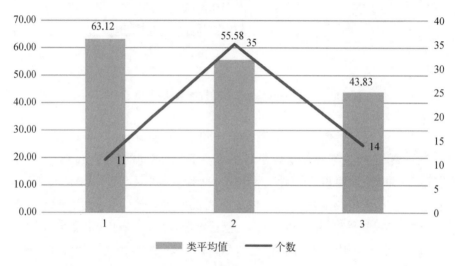

图6-2 生态效益指数分布态势

(二) 生态效益指数分省分析

从分省平均值来看,第1名是浙江省,平均值为56.77,标准差为5.24。第2名是安徽省,平均值55.50,标准差为6.94。第3名是江苏省,平均值为52.67,标准差为7.57。最后1名是上海市,平均值为50.38,标准差为10.17。

比较来看,浙江省平均值最高,而且标准差最小,说明浙江省中小城市生态效益最优,第2名紧随其后的是安徽省,第3名是江苏省。上海市生态效益指数平均值最低,而标准差最大,说明上海市8个非中心城区之间在生态效益方面差异较大,有一部分区生态效益指数得分较低。

从构成生态效益指数的四个指标(见图6-3)分析来看,浙江省没有特别明显的短板,节能环保支出占GDP比重可以进一步提升。安徽省的短板在于燃气普及率。江苏省的短板在于节能环保支出占GDP比重。上海市的短板在于建成区绿化覆盖率。

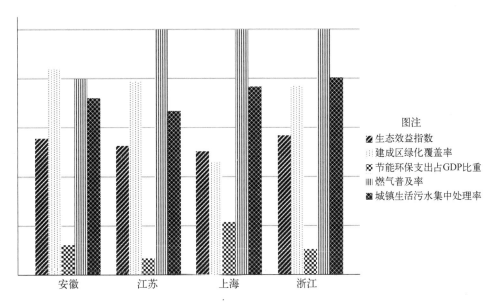

图注
▨ 生态效益指数
▦ 建成区绿化覆盖率
▨ 节能环保支出占GDP比重
Ⅲ 燃气普及率
▨ 城镇生活污水集中处理率

图 6-3 生态效益指数分省平均值

五、长三角中小城市生态效益指数各指标排名

(一) 建成区绿化覆盖率

表 6-5 建成区绿化覆盖率前 30 名

省	地级市	县级市（区）	建成区绿化覆盖率（%）	排名
安徽	滁州	天长市	47.30	1
安徽	滁州	明光市	47.30	2
安徽	合肥	巢湖市	46.30	3
安徽	芜湖	无为市	45.50	4
浙江	金华	永康市	45.30	5
江苏	泰州	靖江市	45.28	6
浙江	衢州	江山市	45.20	7
江苏	苏州	昆山市	44.97	8

省	地级市	县级市（区）	建成区绿化覆盖率(%)	排名
浙江	宁波	慈溪市	44.86	9
江苏	苏州	常熟市	44.83	10
浙江	宁波	余姚市	44.59	11
上海		青浦区	44.40	12
江苏	南通	海安市	44.40	13
上海		奉贤区	44.14	14
江苏	南通	启东市	43.90	15
浙江	金华	东阳市	43.90	16
江苏	无锡	江阴市	43.88	17
浙江	嘉兴	嘉善县	43.80	18
江苏	徐州	新沂市	43.77	19
浙江	台州	温岭市	43.57	20
浙江	杭州	建德市	43.46	21
江苏	无锡	宜兴市	43.45	22
江苏	苏州	张家港市	43.11	23
江苏	徐州	邳州市	43.09	24
浙江	嘉兴	海宁市	43.02	25
江苏	南通	如皋市	43.00	26
江苏	扬州	高邮市	43.00	27
浙江	绍兴	诸暨市	43.00	28
浙江	绍兴	嵊州市	43.00	29
江苏	常州	溧阳市	42.90	30

　　表6-5显示了建成区绿化覆盖率排名前30的城市及其具体值。最大值为47.30,最小值为26.00,平均值为41.85。全部城市的建成区绿化覆盖率分布情况见建成区绿化覆盖率散点图(见图6-4)。

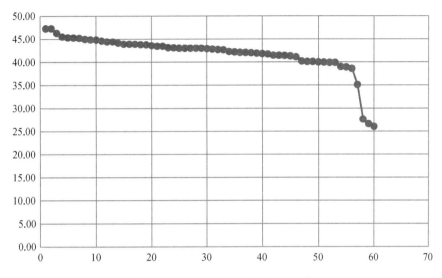

图6-4　建成区绿化覆盖率散点图

　　基于建成区绿化覆盖率,可以把长三角中小城市分为4类(见表6-6)。第1类是A,是指建成区绿化覆盖率在45%～50%之间的城市,包括:天长市、明光市、巢湖市、无为市、永康市、靖江市、江山市。以上这些城市在建成区绿化覆盖率方面表现优秀。第2类是B,是指建成区绿化覆盖率在40%～45%之间的城市,包括:昆山市、慈溪市、常熟市、余姚市、青浦区、海安市、奉贤区、启东市、东阳市、江阴市、嘉善县、新沂市、温岭市、建德市、宜兴市、张家港市、邳州市、海宁市、如皋市、高邮市、诸暨市、嵊州市、溧阳市、界首市、乐清市、仪征市、龙泉市、东台市、吴江区、广德市、宁国市、义乌市、丹阳市、太仓市、兴化市、潜山市、兰溪市、平湖市、玉环市、桐乡市、扬中市、桐城市、泰兴市。以上这些城市在建成区绿化覆盖率方面表现良好。第3类是C,是指建成区绿化覆盖率在35%～40%之间的城市,包括:临海市、瑞安市、松江区、闵行区、句容市、金山区、龙港市。以上这些城市在建成区绿化覆盖率方面表现中等。第4类是D,是指建成区绿化覆盖率在25%～30%之间的城市,包括:宝山区、嘉定区、崇明区。以上这些城市在建成区绿化覆盖率方面表现欠佳。建成区绿化覆盖率整体良好,绝大部分城市都高于40%。分布态势见图6-5,第1

类平均值为 46.03,有 7 个城市。第 2 类平均值为 42.73,有 43 个城市。处于 B 类(良好)的城市数量最多。第 3 类平均值为 38.76,有 7 个城市。第 4 类平均值为 26.73,有 3 个城市。

表 6-6　基于建成区绿化覆盖率的长三角中小城市分类

A(45%~50%)	天长市、明光市、巢湖市、无为市、永康市、靖江市、江山市
B(40%~45%)	昆山市、慈溪市、常熟市、余姚市、青浦区、海安市、奉贤区、启东市、东阳市、江阴市、嘉善县、新沂市、温岭市、建德市、宜兴市、张家港市、邳州市、海宁市、如皋市、高邮市、诸暨市、嵊州市、溧阳市、界首市、乐清市、仪征市、龙泉市、东台市、吴江区、广德市、宁国市、义乌市、丹阳市、太仓市、兴化市、潜山市、兰溪市、平湖市、玉环市、桐乡市、扬中市、桐城市、泰兴市
C(35%~40%)	临海市、瑞安市、松江区、闵行区、句容市、金山区、龙港市
D(25%~30%)	宝山区、嘉定区、崇明区

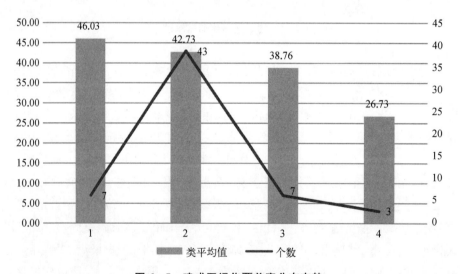

图 6-5　建成区绿化覆盖率分布态势

从建成区绿化覆盖率分省平均值来看(见图 6-6),第 1 名是安徽省,平均值为 43.86,标准差为 2.74。第 2 名是江苏省,平均值为 42.75,标准差为 1.64。第 3 名是浙江省,平均值为 42.36,标准差为 2.34。最后 1 名是上海市,平均值为 35.78,标准差为 7.80。安徽省、江苏省、浙江省分获前 3 名,且差距较小。

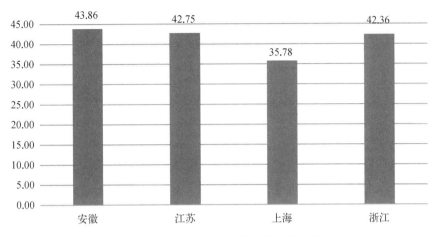

图 6‑6　建成区绿化覆盖率分省平均值

（二）节能环保支出占 GDP 比重

表 6‑7　节能环保支出占 GDP 比重前 30 名城市

省	地级市	县级市（区）	节能环保支出占 GDP 比重（%）	排名
上海		崇明区	2.85	1
浙江	台州	临海市	2.25	2
安徽	阜阳	界首市	1.27	3
浙江	丽水	龙泉市	0.80	4
安徽	安庆	潜山市	0.70	5
江苏	苏州	吴江区	0.61	6
上海		金山区	0.56	7
浙江	嘉兴	桐乡市	0.51	8
浙江	嘉兴	嘉善县	0.51	9
上海		宝山区	0.46	10
江苏	苏州	太仓市	0.45	11

续　表

省	地级市	县级市（区）	节能环保支出占GDP 比重（％）	排名
江苏	镇江	句容市	0.42	12
浙江	金华	永康市	0.41	13
安徽	宣城	广德市	0.36	14
江苏	无锡	宜兴市	0.36	15
浙江	嘉兴	平湖市	0.33	16
上海		青浦区	0.32	17
江苏	徐州	新沂市	0.32	18
上海		奉贤区	0.30	19
浙江	杭州	建德市	0.28	20
浙江	金华	东阳市	0.26	21
江苏	苏州	常熟市	0.24	22
江苏	苏州	张家港市	0.22	23
安徽	滁州	天长市	0.21	24
江苏	苏州	昆山市	0.21	25
上海		嘉定区	0.21	26
安徽	合肥	巢湖市	0.20	27
江苏	镇江	丹阳市	0.19	28
上海		松江区	0.19	29
江苏	南通	启东市	0.18	30

　　表6-7显示了节能环保支出占GDP比重排名前30的城市及其具体值。最大值为2.85，最小值为0.02，平均值为0.32。全部城市的节能环保支出占GDP比重分布情况如节能环保支出占GDP比重散点图所示(见图6-7)。

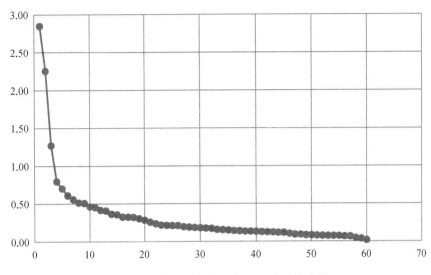

图 6－7　节能环保支出占 GDP 比重散点图

　　基于节能环保支出占 GDP 比重，可以把长三角中小城市分为 4 类(见表 6－8)。第 1 类是 A，是指节能环保支出占 GDP 比重在 1％～3％之间的城市，包括：崇明区、临海市、界首市。以上这些城市在节能环保支出占 GDP 比重方面表现优秀。第 2 类是 B，是指节能环保支出占 GDP 比重在 0.5％～1％之间的城市，包括：龙泉市、潜山市、吴江区、金山区、桐乡市、嘉善县。以上这些城市在节能环保支出占 GDP 比重方面表现良好。第 3 类是 C，是指节能环保支出占 GDP 比重在 0.2％～0.5％之间的城市，包括：宝山区、太仓市、句容市、永康市、广德市、宜兴市、平湖市、青浦区、新沂市、奉贤区、建德市、东阳市、常熟市、张家港市、天长市、昆山市、嘉定区。以上这些城市在节能环保支出占 GDP 比重方面表现一般。第 4 类是 D，是指节能环保支出占 GDP 比重在 0.2％以下的城市，包括：巢湖市、丹阳市、松江区、启东市、溧阳市、江山市、无为市、泰兴市、邳州市、宁国市、海宁市、高邮市、余姚市、桐城市、扬中市、江阴市、玉环市、明光市、海安市、兰溪市、兴化市、温岭市、东台市、瑞安市、义乌市、仪征市、闵行区、乐清市、靖江市、嵊州市、如皋市、慈溪市、诸暨市、龙港市。以上这些城市在节能环保支出占 GDP 比重方面表现欠佳。节能环保支出占 GDP 比重各个城市间差异较大。相当多的城市该指标值不到 0.2％，但也有一些城市该指标超过 1％，最高的崇明区达到了 2.85％。可见各城市政府在决策节能环保支出占 GDP 比重时差异相当大。分布态势见图 6－8，第 1 类平均值为2.12，有 3 个城市。第 2 类平均值为 0.61，有 6 个城市。第 3 类平均值为 0.32，有 17 个城市。第 4 类平均值为 0.12，有 34 个城市。处于 D 类的城市数量最多。

表6-8　基于节能环保支出占GDP比重的长三角中小城市分类

A(1%~3%)	崇明区、临海市、界首市
B(0.5%~1%)	龙泉市、潜山市、吴江区、金山区、桐乡市、嘉善县
C(0.2%~0.5%)	宝山区、太仓市、句容市、永康市、广德市、宜兴市、平湖市、青浦区、新沂市、奉贤区、建德市、东阳市、常熟市、张家港市、天长市、昆山市、嘉定区
D(0.2%以下)	巢湖市、丹阳市、松江区、启东市、溧阳市、江山市、无为市、泰兴市、邳州市、宁国市、海宁市、高邮市、余姚市、桐城市、扬中市、江阴市、玉环市、明光市、海安市、兰溪市、兴化市、温岭市、东台市、瑞安市、义乌市、仪征市、闵行区、乐清市、靖江市、嵊州市、如皋市、慈溪市、诸暨市、龙港市

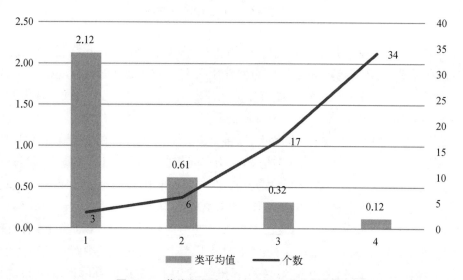

图6-8　节能环保支出占GDP比重分布态势

从节能环保支出占GDP比重分省平均值来看(见图6-9),第1名是上海市,平均值为0.62,标准差为0.91。第2名是安徽省,平均值为0.37,标准差为0.39。第3名是浙江省,平均值为0.31,标准差为0.49。第4名是江苏省,平均值为0.21,标准差为0.14。分省来看,上海市的标准差也最大,说明各区之间这一指标值非常不同。第2、3名是安徽省、浙江省。第4名是江苏省,标准差也最小,说明该省中小城市节能环保支出占GDP比重整体偏低。

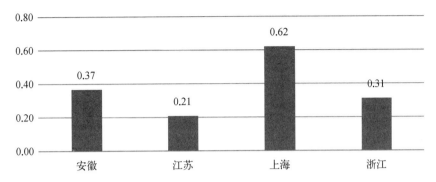

图 6-9　节能环保支出占 GDP 比重分省平均值

(三) 燃气普及率

表 6-9　燃气普及率已达 100% 的城市

省	地级市	县级市(区)	燃气普及率(%)
上海		闵行区	100.00
上海		宝山区	100.00
上海		嘉定区	100.00
上海		松江区	100.00
上海		金山区	100.00
上海		青浦区	100.00
上海		奉贤区	100.00
上海		崇明区	100.00
江苏	无锡	江阴市	100.00
江苏	无锡	宜兴市	100.00
江苏	徐州	新沂市	100.00
江苏	徐州	邳州市	100.00
江苏	苏州	常熟市	100.00

续　表

省	地级市	县级市（区）	燃气普及率(%)
江苏	苏州	张家港市	100.00
江苏	苏州	昆山市	100.00
江苏	苏州	太仓市	100.00
江苏	苏州	吴江区	100.00
江苏	南通	启东市	100.00
江苏	南通	如皋市	100.00
江苏	南通	海安市	100.00
江苏	盐城	东台市	100.00
江苏	扬州	高邮市	100.00
江苏	镇江	丹阳市	100.00
江苏	镇江	扬中市	100.00
江苏	镇江	句容市	100.00
江苏	泰州	兴化市	100.00
江苏	泰州	靖江市	100.00
江苏	泰州	泰兴市	100.00
浙江	杭州	建德市	100.00
浙江	宁波	余姚市	100.00
浙江	宁波	慈溪市	100.00
浙江	温州	瑞安市	100.00
浙江	温州	乐清市	100.00
浙江	温州	龙港市	100.00
浙江	嘉兴	海宁市	100.00

续　表

省	地级市	县级市(区)	燃气普及率(%)
浙江	嘉兴	平湖市	100.00
浙江	嘉兴	桐乡市	100.00
浙江	嘉兴	嘉善县	100.00
浙江	绍兴	诸暨市	100.00
浙江	绍兴	嵊州市	100.00
浙江	金华	兰溪市	100.00
浙江	金华	义乌市	100.00
浙江	金华	东阳市	100.00
浙江	金华	永康市	100.00
浙江	衢州	江山市	100.00
浙江	台州	玉环市	100.00
浙江	台州	温岭市	100.00
浙江	台州	临海市	100.00
浙江	丽水	龙泉市	100.00
安徽	滁州	天长市	100.00

　　表6-9显示了燃气普及率已达100%的城市,共有50个。最大值为100,最小值为83.31,平均值为99.49。全部城市的燃气普及率分布情况见燃气普及率散点图(见图6-10)。

　　基于燃气普及率的数据,可以把长三角中小城市分为2类,见表6-10。第1类是A,是指燃气普及率已达100%的城市,包括:闵行区、宝山区、嘉定区、松江区、金山区、青浦区、奉贤区、崇明区、江阴市、宜兴市、新沂市、邳州市、常熟市、张家港市、昆山市、太仓市、吴江区、启东市、如皋市、海安市、东台市、高邮市、丹阳市、扬中市、句容市、兴化市、靖江市、泰兴市、建德市、余姚市、慈溪市、瑞安市、

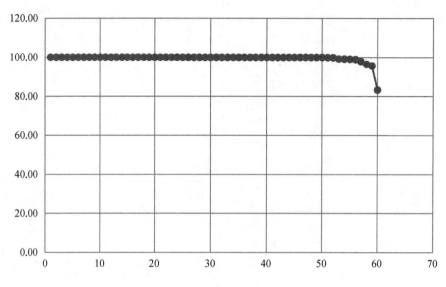

图6-10 燃气普及率散点图

乐清市、龙港市、海宁市、平湖市、桐乡市、嘉善县、诸暨市、嵊州市、兰溪市、义乌市、东阳市、永康市、江山市、玉环市、温岭市、临海市、龙泉市、天长市。第2类是B,是指燃气普及率未达100%的城市,包括:仪征市、溧阳市、巢湖市、广德市、无为市、宁国市、桐城市、界首市、明光市、潜山市。长三角中小城市燃气普及率整体较高,有50个城市已达100%,只有少数城市燃气普及率还未达到100%(见图6-11),第1类平均值为100,有50个城市。第2类平均值为96.95,有10个城市。

表6-10 基于燃气普及率的长三角中小城市分类

A(100%)	闵行区、宝山区、嘉定区、松江区、金山区、青浦区、奉贤区、崇明区、江阴市、宜兴市、新沂市、邳州市、常熟市、张家港市、昆山市、太仓市、吴江区、启东市、如皋市、海安市、东台市、高邮市、丹阳市、扬中市、句容市、兴化市、靖江市、泰兴市、建德市、余姚市、慈溪市、瑞安市、乐清市、龙港市、海宁市、平湖市、桐乡市、嘉善县、诸暨市、嵊州市、兰溪市、义乌市、东阳市、永康市、江山市、玉环市、温岭市、临海市、龙泉市、天长市
B(<100%)	仪征市、溧阳市、巢湖市、广德市、无为市、宁国市、桐城市、界首市、明光市、潜山市

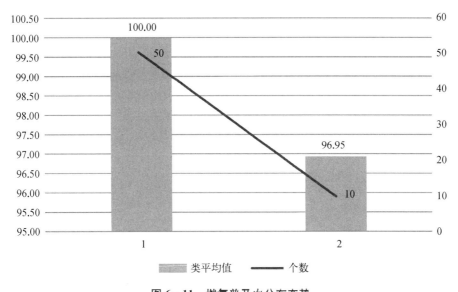

图 6 - 11　燃气普及率分布态势

从燃气普及率分省平均值来看(见图6-12),上海市和浙江省是并列第1名,平均值为100,标准差为0.00。第3名是江苏省,平均值为99.99,标准差为0.04。第4名是安徽省,平均值为96.64,标准差为5.19。分省来看,上海市和浙江省所有中小城市燃气普及率全部已达100%。江苏省尚有少数城市未达100%。安徽省尚有较多的城市燃气普及率未达100%,这一指标落后于其他两省一市。

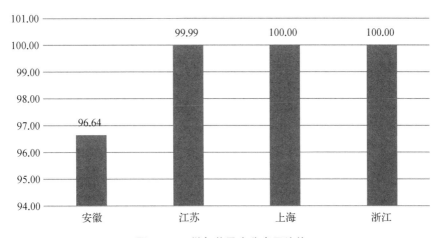

图 6 - 12　燃气普及率分省平均值

(四) 城镇生活污水集中处理率

表6-11 城镇生活污水集中处理率前30名城市

省	地级市	县级市(区)	城镇生活污水集中处理率(%)	排名
浙江	温州	瑞安市	100.00	1
江苏	苏州	张家港市	99.99	2
江苏	苏州	太仓市	99.10	3
江苏	泰州	靖江市	98.95	4
浙江	丽水	龙泉市	98.90	5
江苏	无锡	江阴市	98.65	6
江苏	常州	溧阳市	98.60	7
浙江	宁波	余姚市	98.50	8
浙江	嘉兴	海宁市	98.49	9
浙江	金华	兰溪市	98.42	10
浙江	温州	龙港市	98.23	11
浙江	金华	永康市	98.15	12
浙江	嘉兴	嘉善县	98.10	13
浙江	台州	温岭市	98.03	14
上海		闵行区	98.00	15
上海		嘉定区	98.00	16
江苏	无锡	宜兴市	98.00	17
浙江	嘉兴	桐乡市	98.00	18
浙江	宁波	慈溪市	97.99	19
上海		金山区	97.80	20
浙江	金华	义乌市	97.80	21

续　表

省	地级市	县级市(区)	城镇生活污水 集中处理率(%)	排名
安徽	合肥	巢湖市	97.80	22
江苏	泰州	泰兴市	97.75	23
浙江	温州	乐清市	97.75	24
安徽	安庆	潜山市	97.68	25
安徽	阜阳	界首市	97.60	26
安徽	滁州	天长市	97.56	27
安徽	滁州	明光市	97.56	28
浙江	杭州	建德市	97.54	29
浙江	金华	东阳市	97.54	30

表 6-11 显示了城镇生活污水集中处理率排名前 30 的城市及其具体值。最大值为 100,最小值为 88.00,平均值为 96.84。全部城市的城镇生活污水集中处理率分布情况如城镇生活污水集中处理率散点图所示(见图 6-13)。

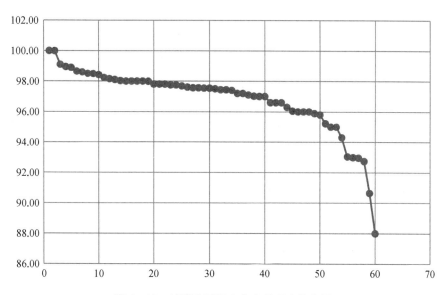

图 6-13　城镇生活污水集中处理率散点图

基于城镇生活污水集中处理率,可以把长三角中小城市分为 3 类(见表 6-12)。第 1 类是 A,是指城镇生活污水集中处理率在 98%~100%之间的城市,包括:瑞安市、张家港市、太仓市、靖江市、龙泉市、江阴市、溧阳市、余姚市、海宁市、兰溪市、龙港市、永康市、嘉善县、温岭市、闵行区、嘉定区、宜兴市、桐乡市。这类城市的城镇生活污水集中处理率非常高。第 2 类是 B,是指城镇生活污水集中处理率在 96%~98%之间的城市,包括:慈溪市、金山区、义乌市、巢湖市、泰兴市、乐清市、潜山市、界首市、天长市、明光市、建德市、东阳市、如皋市、启东市、江山市、常熟市、松江区、昆山市、平湖市、新沂市、宝山区、玉环市、奉贤区、崇明区、嵊州市、青浦区、邳州市、吴江区、兴化市、诸暨市。这类城市的城镇生活污水集中处理率比较高。第 3 类是 C,是指城镇生活污水集中处理率小于 96%的城市,包括:桐城市、宁国市、丹阳市、无为市、广德市、东台市、临海市、高邮市、句容市、仪征市、扬中市、海安市。这类城市的城镇生活污水集中处理率相对较低。分布态势见图 6-14,第 1 类平均值为 98.56,有 18 个城市。第 2 类平均值为 97.16,有 30 个城市。第 3 类平均值为 93.47,有 12 个城市。位于 B 类的城市数量最多。城镇生活污水集中处理率绝大部分城市已达 96%以上。

表 6-12 基于城镇生活污水集中处理率的长三角中小城市分类

A(98~100%)	瑞安市、张家港市、太仓市、靖江市、龙泉市、江阴市、溧阳市、余姚市、海宁市、兰溪市、龙港市、永康市、嘉善县、温岭市、闵行区、嘉定区、宜兴市、桐乡市
B(96~98%)	慈溪市、金山区、义乌市、巢湖市、泰兴市、乐清市、潜山市、界首市、天长市、明光市、建德市、东阳市、如皋市、启东市、江山市、常熟市、松江区、昆山市、平湖市、新沂市、宝山区、玉环市、奉贤区、崇明区、嵊州市、青浦区、邳州市、吴江区、兴化市、诸暨市
C(<96%)	桐城市、宁国市、丹阳市、无为市、广德市、东台市、临海市、高邮市、句容市、仪征市、扬中市、海安市

从城镇生活污水集中处理率分省平均值来看(见图 6-15),第 1 名是浙江省,平均值为 97.65,标准差为 1.34。第 2 名是上海市,平均值为 97.19,标准差为 0.68。第 3 名是安徽省,平均值为 96.65,标准差为 1.21。第 4 名是江苏省,平均值为 96.03,标准差为 3.00。浙江省和上海市平均值已达 97.00 以上。安徽省位列第 3。江苏省城镇生活污水集中处理率平均值最低,标准差最大,说明各城市之间这一指标值相差较大,有一部分城市该指标值偏低。

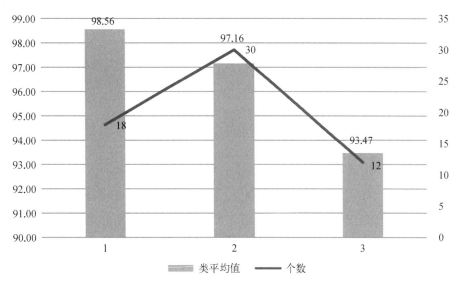

图 6-14 城镇生活污水集中处理率分布态势

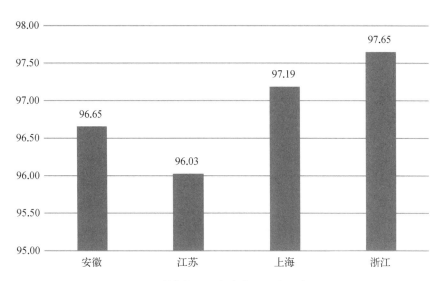

图 6-15 城镇生活污水集中处理率分省平均值

六、长三角中小城市生态效益指数报告结论与建议

(一) 结论

长三角中小城市生态效益指数分省来看,浙江省平均值最高,而且标准差最小,说明浙江省中小城市生态效益最优。紧随其后的是安徽省。第 3 名是江苏

省。上海市生态效益指数平均值最低,而标准差最大,说明上海市8个非中心城区之间在生态效益方面差异较大,有一部分区生态效益指数得分较低。

浙江省没有特别明显的短板,节能环保支出占GDP比重可以进一步提升。安徽省的短板在于燃气普及率。江苏省的短板在于节能环保支出占GDP比重。上海市的短板在于建成区绿化覆盖率。

建成区绿化覆盖率整体良好,绝大部分城市都高于40%。安徽省、江苏省、浙江省分获前3名,且差距较小。上海市非中心城区在这项指标上较为落后,而且标准差最大,说明各区之间差异较大,有的区甚至不足30%。

节能环保支出占GDP比重各个城市间差异较大。相当多的城市该指标值不到0.2%,但也有一些城市该指标超过1%,最高的崇明区达到了2.85%。可见各城市政府在决策节能环保支出占GDP比重时差异相当大。分省来看,上海市平均值最高,但标准差也最大,说明各区之间这一指标值非常不同。第2、3名依次是安徽省、浙江省。第4名是江苏省,平均值最低,标准差也最小,说明江苏省中小城市节能环保支出占GDP比重整体偏低。

燃气普及率长三角中小城市整体较高,有50个城市已达100%。分省来看,上海市和浙江省所有中小城市燃气普及率全部已达100%。江苏省尚有少量城市未达100%。安徽省尚有较多的城市燃气普及率未达100%,这一指标落后于其他两省一市。

城镇生活污水集中处理率绝大部分城市已达96%以上。浙江省和上海市平均值已达97%以上。安徽省位列第3。江苏省城镇生活污水集中处理率平均值最低,标准差最大,说明各城市之间这一指标值相差较大,有一部分城市该指标值偏低。

(二) 建议

城市绿化状况能带来生态效益。绿化覆盖率高的城市有助于改善空气质量、降低噪音污染、调节城市气候等,从而提高居民的生活质量。建成区绿化覆盖率是衡量城市绿化状况的重要指标,对于改善城市生态环境、美化城市景观、提升城市形象等方面具有重要意义。未来,各地政府应继续加强园林绿化建设,提高绿化覆盖率,为居民创造更加宜居的城市环境。上海市建成区绿化覆盖率提升空间较大。

节能环保支出占GDP的比重是衡量一个城市在环保领域投入力度的重要指标,对生态效益有重要影响。2022年我国节能环保财政支出规模达到了6 305亿元,占GDP的0.6%。0.6%的占比虽然看似不高,但在全球范围内,尤其是在发展中国家中,这一比重已经相对较高。体现了国家对于环保事业的重视和支持，表明了中国在推动绿色发展和可持续发展方面所做的努力。长三角中小城市中，尚有大量城市节能环保支出占 GDP 的比重偏低。未来，随着国家和各省、各市环保政策的深入实施，以及公众环境保护意识的提高，节能环保支出占 GDP 的比重应当进一步提高。上海市部分非中心城区和江苏省中小城市整体上尤其应当提升这一比重，加大节能环保支出力度。

燃气普及率的提高，不仅方便了居民的生活，也促进了城市基础设施的完善。同时，使用清洁能源的燃气有助于减少环境污染，提高空气质量，推动绿色低碳发展。2022 年全国城市燃气普及率达到了 98.06％，这表明我国绝大多数城市居民已经能够享受到燃气带来的便利。值得注意的是，虽然全国整体燃气普及率较高，但不同城市和地区之间仍然存在差异。长三角中小城市中，主要是安徽省尚有较多城市未达到全国平均水平，需要进一步加大投入和提升技术水平来推动城市燃气行业的发展。

近年来，我国不断加大对城镇污水处理设施建设和运行管理的力度，城镇污水收集和处理能力得到了显著提高。随着城市化进程的加快和环保政策的推进，未来城镇生活污水集中处理率有望进一步提升。江苏省部分中小城市这一指标偏低，应加大城镇污水处理设施建设和运行管理的力度，提升城镇污水收集和处理能力。同时农村污水治理将成为水环境治理的重点领域，未来农村污水处理设施的建设和运营将得到更多关注和支持。

（作者：高昉）

典型案例

案例一

崇明区生态活力案例分析

一、崇明区生态活力概况

崇明区作为上海市东北部的一颗璀璨明珠,由崇明、长兴、横沙三岛巧妙组合而成,总面积约 1 411 平方公里。其中,崇明岛作为世界最大的河口冲积沙岛,拥有独特的大河口三角洲地质和地貌特征,被赋予了国家地质公园的殊荣。

崇明区位于北半球亚热带,气候温和而湿润,年平均气温维持在 16.5℃,日照充足,雨水充沛,四季分明。全区地表水环境功能区的达标率高达 80%,环境空气质量(AQI)优良率更是达到了 78%。这些亮眼的指标,不仅展示了崇明区卓越的自然环境质量,更为当地居民营造了一个健康舒适的生活环境。

在森林覆盖率方面,崇明区也取得了令人瞩目的成绩,达到了 24%,自然湿地保有率更是高达 38%。截至 2020 年底,全区森林面积已扩展至 52.7 万亩,森林覆盖率提升至 30.05%,活立木总蓄积量达到惊人的 202 万立方米。这些数据足以证明,崇明区近年来在植树造林和生态保护方面的努力取得了显著成效,区域的绿化覆盖率和生态质量得到了有效提升。

在生物多样性保护方面,崇明区同样成绩斐然。自然湿地保有量高达 24.8 万公顷,湿地保护率更是达到了 59.38%。值得一提的是,湿地植被群系占据了全市近半数的比例,而占全球种群数量 1% 以上的水鸟物种数也已增长至 14 种。这些数据充分说明,崇明区的湿地生态系统得到了有效保护,为鸟类等野生动物提供了重要的栖息地,对全球生物多样性保护做出了重要贡献。

面对绿色发展的挑战,崇明区积极致力于绿色农业和高端绿色制造业的发展。目前,崇明已形成了优质稻米、崇明清水蟹、崇明白山羊、蔬菜四大产业,共有 88 家 125 个产品荣获国家绿色食品认证。同时,依托长兴海洋科技港的优势,崇明积极发展海工装备制造业创新中心。这些举措不仅推动了崇明的经济发展,更体现了区域可持续发展的理念。

二、崇明区生态活力发展典型案例

(一)长三角农业硅谷——"科技创新＋产业升级"生态模式

1. 基本概况

崇明区"长三角农业硅谷"项目是一个典型的生态农业模式(见图7-1)。这个项目通过科技创新和产业升级,探索现代农业与生态保护的和谐共生,为区域农业发展提供了可持续的新路径。崇明岛作为长江入海口的狭长岛屿,拥有丰富的农业资源和生态优势。在推进世界级生态岛建设的过程中,崇明区提出了打造"长三角农业硅谷"战略目标,致力于农业领域的新质生产力和关键核心技术攻关。项目规划了"一核一带两区"的总体布局,包括一个农业硅谷核心区、一条高科技农业发展带以及两个现代设施农业片区和现代畜禽养殖片区。这种布局不仅优化了农业产业结构,还通过集聚创新要素和产业项目,提升了区域农业的整体竞争力和可持续发展能力。

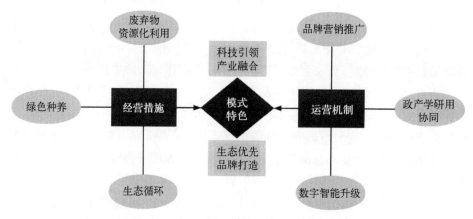

图7-1 "长三角农业硅谷"生态农业模式框架

2. 经营措施

(1)推动绿色种养模式,构建生态循环体系。推广不使用化学肥料和化学农药的"两无化"种植模式,逐步实现了从水稻到蔬菜、林果的扩展。同时,通过建立智能农机管控系统和农业产业链智能管控系统,提高了农业生产的自动化和智能化水平。

(2)注重农业废弃物的资源化利用。建立了多个智能化集中堆肥点和畜禽粪污处理设施,促进了农业生态环境的持续改善。这些措施不仅提升了农业综合效益,也推动了绿色农业品牌的建设,使得崇明区的农产品在市场上获得了更高的认可度和更好的经济效益。

3. 运营机制

(1) 政产学研用协同。联合上海市农科院、上海海洋大学、上海交通大学等多家科研院校,组建了崇明农业科创联盟。通过实施"揭榜挂帅"制度,引入高层次专家团队不断夯实科技攻关和产业化示范的技术支撑。这种政产学研用的协同联动模式激活了农业科技创新的内生动力。

(2) 数字智能升级。利用物联网、大数据、人工智能等技术,推动农业生产的数字化和智能化升级。例如,建立智能农机管控系统和农业产业链智能管控系统,提高农业生产的自动化和智能化水平。这些技术的应用不仅提高了农业生产效率,还降低了人工成本。

(3) 品牌营销推广。整合全区优质农产品资源,推出区域公共品牌"优农三兄弟"和"崇明 Me 道"销售平台。利用地理标志优势,实现统一生产标准、统一标识授权、统一包装样式、统一品牌推广,增强了崇明农产品的市场识别度和竞争力。

4. 模式特色

(1) 科技引领。项目强调科技创新在农业发展中的核心地位。通过与科研院校的合作,组建农业科创联盟,吸引高层次专家团队参与科技攻关和产业化示范,确保了农业科技成果的前瞻性和实用性。

(2) 产业融合。项目推动了信息技术、智能装备等现代科技与农业生产的深度融合,提高了农业生产的自动化和智能化水平,实现了产业的数字化升级。

(3) 生态优先。项目坚持生态优先的原则,注重农业废弃物的资源化利用和生态环境的持续改善。通过构建了生态循环体系,提升了农业综合效益和生态环境质量。

(4) 品牌打造。通过整合全区优质的农产品资源,推出了区域性的公共品牌。不仅利用了崇明独特的地理标志优势,还实现了生产标准、标识授权、包装样式和品牌推广的全面统一。这种一体化的品牌建设方式显著提升了崇明农产品在市场上的辨识度和竞争力。

(二) 东滩湿地生态修复——"系统保护＋多样性"模式

1. 基本概况

"东滩湿地生态修复"项目旨在恢复这片重要湿地的生态系统和生物多样性(见图 7-2)。东滩湿地作为国际重要湿地,是亚太地区候鸟迁徙的重要中途停歇地和越冬地。该项目采取了一系列综合性措施来治理互花米草的入侵,同时恢复了本土植物和动物的种群。经过多年的努力,东滩湿地的生态修复取得了显著成效。互花米草的灭除率超过了 95%，主要土著植物的生长面积达到 1.4 万亩，鱼类种类恢复至 21 种，大型底栖动物恢复至 25 种，鸟类种群数量也明显增加。这一项目的成功实施，不仅为区域生态保护树立了典范，也为全球外来物种入侵治理提供了宝贵的经验和"上海方案"。

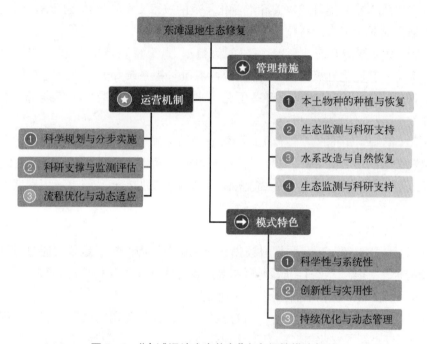

图 7－2 "东滩湿地生态修复"生态保护模式框架

2. 管理措施

（1）外来物种的清除与控制。针对互花米草等外来入侵植物，采取了物理割除、水位调控等方式进行有效控制，以减少其对本土生态系统的影响。

（2）本土物种的种植与恢复。通过补种原生物种，如海三棱藨草，促进本土生态系统的恢复，增加生物多样性。

（3）水系改造与自然恢复。通过优化水系布局，实施潮汐模拟等措施，为水生生物提供更适宜的生态环境。

（4）生态监测与科研支持。建立生态监测体系，收集数据，为生态修复提供科学依据。同时，加强与科研机构的合作，不断优化修复方案。

3. 运营机制

（1）科学规划与分步实施。制定了详细的生态修复规划，包括短期、中期和长期目标，并分步骤实施。在每个阶段，都设定了明确的目标和任务，如外来物种控制、本土物种恢复、水系改造等,确保了项目的有序进行。

（2）科研支撑与监测评估。依托专业的科研机构,开展了大量的基础研究和方案设计,为生态修复提供了科学依据。同时,建立了完善的生态监测体系,对修复过程中的生态变化进行实时监测和评估,及时调整修复措施。

（3）流程优化与动态适应。实施过程中,根据监测数据和研究成果,不断优化修复方案,实现生态修复的持续改进。同时,实行动态管理,根据生态修复的进展和效果,及时调整修复策略和管理措施。

4. 模式特色

（1）科学性与系统性。注重科学规划和系统治理,通过深入调查研究和科学论证,制定出针对性的生态修复方案。同时,项目考虑了生态系统的整体性和复杂性,采取了一系列综合措施,确保生态修复的全面性和有效性。

（2）创新性与实用性。在生态修复过程中,不断创新方法和技术,如物理割除、水位调控等,以应对复杂的生态问题。这些创新措施不仅提高了生态修复的效率,还为其他类似项目提供了可借鉴的经验。

（3）持续优化与动态管理。在实施过程中,不断优化修复方案,实行动态管理,确保生态修复的持续性和有效性。这种灵活的管理方式,使项目能够适应不断变化的生态环境条件,实现长期的生态效益。

（三）陈家镇花博会园区——从“＋生态”到“生态＋”模式

1. 基本概况

崇明陈家镇花博会园区是 2021 年第十届中国花卉博览会的主会场。这个园区位于崇明岛的东部,占地面积约为 10 平方公里,是一个集生态保护、花卉展示、旅游体验和社区参与于一体的综合性园区。这个项目展示了如何将生态保护与旅游发展相结合,实现从传统的“增加生态元素”（“＋生态”）到“以生态为核心”（“生态＋”）的转变（见图 7 - 3）。

2. 经营措施

（1）特色花卉种植。园区内种植了大量的特色花卉,旨在展示花卉产业的新技术、新品种和新成果。这些特色花卉不仅吸引了大量游客前来观赏,还增加了园区的知名度和美誉度。

（2）旅游产品开发。开发了一系列与花卉相关的旅游产品,如花卉展览、花卉节庆活动等,吸引了不同兴趣和需求的游客。这些产品不仅丰富了游客的旅游体验,还提高了园区的收益。

（3）绿色运营与管理。园区在日常运营和管理中注重环保和可持续发展,采用了垃圾分类、节能减排、绿色交通等措施,减少了对环境的影响。这些措施

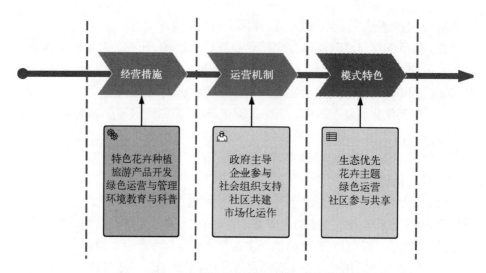

图 7‑3 "陈家镇花博会园区"生态旅游模式框架

不仅提高了园区的环境质量,还增强了游客对园区的好感度。

(4)环境教育与科普。注重环境教育和科普工作,通过设置解说牌、开展讲座、举办主题活动等方式,向游客普及花卉知识和生态保护知识。这些活动不仅提高了游客的环保意识,还培养了他们的生态责任感。

3.运营机制

(1)政府主导。由政府主导,通过制定相关政策和规划,为园区的发展提供了政策支持和保障。同时,政府还负责园区的基础设施建设和公共服务设施建设,为园区的运营提供了良好的基础条件。

(2)企业参与。积极引入企业参与,与专业的花卉企业合作,共同开发花卉种植、加工、销售等业务。同时,园区还吸引了旅游、餐饮、住宿等相关企业入驻,形成了产业链的协同发展。

(3)社会组织支持。注重与社会组织的合作,通过与旅行社、花卉协会等社会组织的合作,共同推广园区的旅游产品和花卉文化。这些社会组织的支持,有助于提高园区的知名度和影响力。

(4)社区共建。积极与周边社区合作,鼓励居民参与园区的建设和运营。同时,园区还为社区居民提供了休闲和娱乐的场所,增强了他们对生态保护的支持和参与。这种社区共建的模式,有助于促进园区与社区的和谐发展。

(5)市场化运作。园区在运营过程中注重市场化运作,通过市场调研和市场需求分析,不断调整和优化园区的产品和服务。同时,园区还注重品牌建设和营销推广,提高了园区的竞争力和吸引力。

4. 模式特色

(1) 生态优先。通过科学规划和合理布局,确保园区的建设和运营不会对生态环境造成破坏。同时,园区还注重环境教育和科普工作,提高了游客和社区居民的环保意识。

(2) 花卉主题。园区以花卉为主题,通过种植和展示各种特色花卉,打造了一个集花卉观赏、科研、交流和交易于一体的综合性园区。

(3) 绿色运营。注重环保和可持续发展,园区还积极推广绿色出行方式,如自行车、电动车等,提高了游客的环保意识。

(4) 社区参与共享。积极促进与邻近社区的紧密合作,鼓励居民在园区的建设和运营中发挥作用,从而增强了社区成员对园区的认同和归属感。此外,园区还为社区居民提供了休闲娱乐的设施,从而提升了社区生活环境的质量。

三、崇明区生态活力发展的比较分析

这三个生态案例均以崇明地区的丰富资源为基础,借助产业集群的力量,构建了有效的多方利益共享机制,从而促进了产业升级与区域经济的蓬勃发展。然而,每个项目在核心产出、优势特征、参与主体以及发展策略方面都展现了其独特之处(见表7-1)。

表7-1　崇明区生态活力发展模式典型案例比较

案　　例	核心产出	优势特征	参与主体	发展策略
长三角农业硅谷	绿色农业、畜禽养殖	科技创新、生态循环系统	政府、科研机构、农业企业、农民	政产学研用协同
东滩湿地生态修复	东滩湿地生态修复	生物多样性保护、综合管理	政府、环保组织、科研机构、志愿者	科学规划与动态管理
陈家镇花博会园区	花卉展览、生态旅游体验	花卉主题、社区共建	政府、花卉企业、旅游公司、社区居民	政府主导与企业参与以及市场化运作

在核心产出方面,长三角农业硅谷致力于将科技创新与产业升级结合,推动智能化与绿色农业的发展;东滩湿地生态修复项目重点在于恢复生物多样性和提供生态服务;陈家镇花博会园区则专注于花卉展览与生态旅游体验。

在优势特征方面,长三角农业硅谷的特色在于其科技创新和生态循环系统的应用,东滩湿地生态修复项目则以其生物多样性保护与综合管理为特色,陈家镇花博会园区则利用其花卉主题与社区共建。

在参与主体方面,长三角农业硅谷的参与主体包括政府、科研机构、农业企业和农民;东滩湿地生态修复项目的参与主体包括政府、环保组织、科研机构和志愿者;陈家镇花博会园区的参与主体则包括政府、花卉企业、旅游公司和社区居民。

在发展策略方面,长三角农业硅谷采用政产学研用协同的模式,东滩湿地生态修复项目实施科学规划与动态管理,陈家镇花博会园区则结合政府主导与企业参与以及市场化运作。

四、研究结论与启示

(一) 研究结论

长三角农业硅谷通过科技创新和产业升级,成功地探索了一种与现代农业和生态保护相和谐共生的新模式。东滩湿地生态修复项目注重系统保护和生物多样性恢复,为区域乃至全球的生态保护提供了可贵的经验和方案。陈家镇花博会园区则通过"+生态"到"生态+"的转变,展示了如何将生态保护与旅游发展有效结合。这三个项目都体现了科技引领、生态优先和社区参与的核心理念。它们不仅推动了产业的数字化和智能化升级,还强调了生态循环体系的构建和废弃物资源化利用,提升了农业综合效益和生态环境质量。在运营机制上,政产学研用的协同、品牌营销策略以及市场化运作等手段,进一步增强了这些项目的竞争力和影响力。

崇明区这三个生态项目不仅促进了区域经济的发展,也为现代高效农业和生态文明建设树立了新标杆。通过这些项目的实施,不仅优化了农业产业结构,提高了农业生产效率和自动化水平,还实现了生态修复和保护的目标,同时增强了社区成员的环保意识和参与度。这些成功案例为其他地区提供了可借鉴的模式,展示了生态保护与经济发展可以并行不悖,共同推动社会的可持续发展。

(二) 启示

通过对三个典型案例的深入分析,得到以下启示:

(1) 推进创新驱动与生态融合。科技创新与产业升级在实现可持续生态农业发展中起到关键作用。通过推动绿色种养模式和智能化技术的应用,不仅能提升农业生产效率和产品质量,也促进了生态环境的持续改善。这显示了科技创新在促进经济、社会和环境协调发展中的重要性。

（2）强化系统化生态保护。系统性保护与生物多样性的恢复对于生态系统的健康维护具有不可替代的作用。通过采取综合性措施控制外来物种的入侵、恢复本土物种的生存空间，并实施科学的监测与评估机制，能够有效提升生物多样性。这要求我们在生态保护工作中，必须实施全面而系统的管理策略，确保生态系统的稳定与繁荣。

（3）建立社区参与市场化运作制度。将生态保护与旅游发展有机结合，通过政府主导、企业参与、社会组织支持以及社区共建等多元化合作模式，能够显著提升生态项目的可持续性和社会效益。同时，注重市场化运作和品牌建设，能够增强项目的市场竞争力和经济回报。在生态保护项目中，公私合作和市场化机制发挥着不可或缺的作用。

（4）加强跨部门协作与区域生态合作。生态项目的复杂性和多元性决定了其成功实施需要多个部门之间的紧密合作。这种跨部门协作模式，不仅能够确保项目的全面和高效推进，更通过共同的目标和紧密的协作，为项目的成功注入强大动力。同时，我们考虑到生态保护和农业发展通常涉及多个行政区域，因此，区域间的合作对于资源共享、经验交流和协调行动也至关重要。

（5）坚持可持续发展原则。所有项目都应秉持生态优先的原则，在经济发展的同时，确保不对生态环境造成损害，实现经济、社会与环境的和谐共生。绿色运营和环境教育对于提升公众的环保意识至关重要。通过实施绿色管理和提供环境教育，能够进一步推动社会的可持续发展理念，为未来创造一个更加美好的生态环境。

（作者：梅燃）

案例二

太仓市生态活力案例分析

太仓市,江苏省辖县级市,由苏州市代管,位于江苏省东南部,长江口南岸,东濒长江,与崇明岛隔江相望,南临上海市宝山区、嘉定区,西连昆山市,北接常熟市。总面积 809.93 平方千米。太仓市属北亚热带南部湿润气候区。太仓管辖 6 个镇、2 个街道、1 个经济开发区。截至 2023 年末,太仓市户籍人口 54.25 万人。常住人口 84.80 万人,常住人口城镇化率为71.15％。2023 年太仓市实现地区生产总值 1 734.94 亿元,按可比价格计算,比上年增长 5.3％。良好的生态环境,是城市最美丽的风景,一座幸福宜居的城市,其底色必然是人与自然的和谐共生,太仓正是这样一座生态宜居的美丽城市。

一、太仓市生态活力指数排名

太仓市 2023 年生态活力指数为 64.87,在江苏省排名第 2,在 60 个中小城市里面排名第 11。总体来说,太仓市生态活力指数较高,太仓市生态环境较好,如表 8-1 所示。

表 8-1　太仓市生态活力指数排名

一级指标	二级指标	三级指标
生态活力指数 (64.87,排名 11)	生态禀赋指数 (67.42,排名 32)	空气质量达标率(83.6％,排名 36)
		集中式饮用水源地水质达标率(100％,并列第一)
		生物多样性(4 个,排名 23)
		生态市(区)等级(等级为 2)
	生态压力指数 (34.07,排名 27)	第二产业增加值占比(49.11％,排名 35)
		工业用电量同比增长(−12.63％,排名 59)

续　表

一级指标	二级指标	三级指标
生态活力指数 (64.87,排名 11)	生态压力指数 (34.07,排名 27)	民用汽车拥有量(311 900 辆,排名 23)
		人口密度(1 037 人/km²,排名 24)
	生态响应指数 (73.05,排名 27)	工业二氧化硫排放量下降率(0.87%,排名 35)
		工业废水排放量下降率(0.75%,排名 20)
		化肥使用量下降率(0.51%,排名 48)
		PM$_{2.5}$ 浓度下降率(0.79%,排名 22)
	生态效益指数 (60.66,排名 11)	建成区绿化覆盖率(41.73%,排名 41)
		节能环保支出占 GDP 比重(0.45%,排名 11)
		燃气普及率(100%,并列第 1)
		城镇生活污水集中处理率(99.1%,排名 3)

　　根据长三角 60 个中小城市生态活力指数排名,太仓市生态活力指数整体表现较好。太仓市荣登江苏省中小城市的第 2 名,名列长三角 60 个中小城市第 11。依据太仓市四个分指数数据,太仓市的生态效益指数表现突出,得分为 73.05 分,排名第 11。主要体现在太仓市的燃气普及率达到 100%,城镇生活污水集中处理率为 99.1%,排名第三,节能环保支出占 GDP 比重为 0.45%,名列 11。太仓市生态响应指数表现较好,得分 73.05,排名第 27,主要体现在工业废水排放量下降明显,2022 年下降率达到 0.75%;PM$_{2.5}$ 下降率达到 0.79%,排名第 22。太仓市生态压力指数得分为 34.07,排名第 27,主要体现在工业用电量同比下降了 12.63%。此外,太仓市拥有 4 个国家级湿地和森林公园,具有良好的生态环境基础,生态禀赋指数较好。

二、太仓市生态活力发展成效

　　2023 年,太仓市全年 PM$_{2.5}$ 浓度为 26 微克/立方米,空气优良天数比例为 83.6%,位于全省前列。太仓市以溯源整治持续改善水环境质量,12 个国省考断面水质优Ⅲ比例达 100%,长江干流水质稳定达Ⅱ类,地表水环境质量排名全省第二。以源头管控保障土壤环境安全,严格污染地块用地准入,优化土地开发和使用,确保重点建设用地安全利用率达 100%。2024 年,太仓市生态环境建设主要预期目标是,PM$_{2.5}$年均浓度控制在 26 微克/立方米左右,空气优良天数比例保持在 83.6% 左右。12 个国省考断面水质优Ⅲ比例保持 100%,长江干流水质稳定达Ⅱ类,总磷浓度控制在 0.08 毫克/升及以下。9 条主要通江河道水质确保全部达到Ⅲ类,总磷指标达到 0.1 毫克/升及以下,力争全部达到Ⅱ类。土壤和地下水环境质量总体保持稳定。深入开展太湖流域重点行业直排企业深度治理工作,完成直排企业废水深度治理评估。利用无人船、无人机等手段对国省考断面及周边开展走航监测,通过信息化手段协同攻坚污染防治。重点建设用地安全利用率得到有效保障。耕地土壤污染源头防控工作达到耕地保护和粮食安全考核、食品安全考核和"菜篮子"市长负责制考核要求。全市生态质量指数(EQI)稳中向好。

三、太仓市生态活力发展经验

太仓的好环境不是凭空而来,而是全市上下共同努力得来的。太仓市生态环境治理经验如下所示。

(一) 创新举措,建立"企业环保经理人"制度

企业作为污染排放的主体,在环境保护方面肩负着重大的使命。太仓生态环境局率先推出"企业环保经理人"制度,目前已实现重点监管企业"企业环保经理人"全覆盖。为了加强企业环保经理人的管理,太仓生态环境局建立环保经理人动态管理信息库,实行动态维护、继续教育和积分制考核,并专门建立持证人员年度考核与执业企业的日常环保管理、行政处罚等挂钩制度。在日常工作中,积极开展企业环保经理人"互助互学,互查隐患"活动,加强线下互动交流,健全环境隐患治理长效机制,进一步完善企业自身环境风险管控水平。

(二) 完善设施,优化排污管理机制

围绕生态环境基础设施建设,太仓市 2023 年开始实施新一轮生态环境基础设施建设三年行动计划,并进一步优化排污总量指标管理机制,科学提升本质治污能力、高质量发展保障能力。积极开展生态环境分区管控动态调整和生态空间管控区成效评估,确保生态空间管控区功能不降低,面积不减少,性质不改变。不断完善生态环境全要素感知体系建设,打造数字化生态环境典型应用场景。落实《太仓市国土空间生态保护和修复规划》,探索开展太仓生态质量指数 EQI 调查,加强湿地、林地等保护,不断提升太仓生态质量指数水平。

(三) 深度治本,多措并举夯实基础

聚焦源头,狠抓落实呵护好风景。太仓在环境治理方面采取了一系列有效措施。首先,该市狠抓大气年度计划项目,推进大气治理工程项目 237 项,完成率高达 82.6%。其中,挥发性有机物综合治理项目进展显著,已完成 39 个,完成率为 60%。其次注重源头管控和过程监管,针对污染排放大户、铸造行业、移动源污染等重点领域开展专项治理,取得了显著成效。此外,还加大了大气专项执法检查力度,通过现场检查、走航监测等手段,发现并处理了一批环境问题。值得一提的是,太仓市在环境治理过程中,不仅注重治标,更重视治本。太仓市从系统施治的角度出发,推进细颗粒物、挥发性有机物、氮氧化物等污染物的深度治理。例如,在细颗粒物治理方面,加快推进海螺水泥全流程超低排放改造,并探索推进沿江干散货码头堆场全封闭料仓建设。在挥发性有机物治理方面,推进重点排放企业综合治理进程,从密闭收集和高效治理两个方面切实提升治理水平。

四、太仓市未来生态活力提升方向

未来,太仓市将继续加大环境治理力度,推动生态文明建设再上新台阶。

太仓市将持续深入打好污染防治攻坚战,加快提升生态环境本质治污能力,以高品质生态环境支撑高质量发展,努力在美丽中国先行区建设中走在前、做示范、当标杆。太仓市作为中国江苏省苏州市下辖的一个县级市,其生态活力提升方向主要包括以下几点:

(一) 强化环境监管,实施污染防治

完善环境保护法规和标准体系,加大对违法行为的查处力度。运用现代信息技术,如大数据、云计算等手段,提高环境监测和管理水平。重点控制大气、水和土壤污染,实施多污染物协同控制策略。加强工业污染源和城市生活污染源治理,改善环境质量。

(二) 推进产业结构升级,推动绿色能源发展

淘汰落后产能,控制高污染、高能耗行业的扩张。鼓励发展高新技术产业、环保产业和绿色服务业,形成以清洁生产和循环经济为核心的产业体系。积极开发利用风能、太阳能等可再生能源,减少对化石能源的依赖。提高能源利用效率,推广节能技术和产品。

(三) 加强生态文明建设,加强区域合作

坚持绿水青山就是金山银山的理念,加强生态保护和修复工作。建设生态廊道和绿色空间,提高生物多样性保护水平。与周边地区共同协作,形成区域环境治理联动机制。共同应对跨界污染问题,共享环境治理成果。

(四) 推进绿色生活方式,注重节能减排

倡导绿色消费,引导居民减少资源消耗和废弃物产生。开展环保教育和宣传活动,提高市民的环保意识和参与度。

通过以上措施的实施,太仓市将能够有效地改善环境质量,促进经济社会的可持续发展,并为市民创造更加宜居的生活环境。

（作者：王桂林）

案例三

龙泉市生态活力案例分析

  龙泉市地处浙江山区,作为"九山半水半分田"的林区市,素有"浙南林海"之称。丰富的竹林资源使得龙泉市在生态保护方面取得了显著成就。先后荣获了国家级生态示范区、国家森林城市、国家重点生态功能区、中国特色竹乡、省级特色产业示范县等殊荣。这些荣誉不仅体现了龙泉市在生态保护方面的努力,也反映了其在促进经济发展和生态文明建设方面的成效。

  龙泉市具有天然的生态环境优势。龙泉市的环境空气质量持续保持优异,近年来多次位列浙江省前列。其环境空气优良天数比率高达98.9%,空气质量综合指数低,是名副其实的"天然氧吧"。龙泉市的地表水环境功能区水质达标率、跨行政区域交接断面水质达标率和集中式饮用水水源地水质达标率均连续多年保持100%,展现了其卓越的水质保护能力。龙泉市拥有高达84.4%左右的森林覆盖率,位列浙江省前列,是名副其实的"国家森林城市"。龙泉绿水青山间育养了2 000多种动植物,其中包括黑麂、中华鬣羚、黄腹角雉、阳彩臂金龟、南方红豆杉等国家级重点保护野生动植物52种。龙泉的住龙镇更是被评为全省第一批生物多样性特色示范基地。

  与此同时,龙泉市还有一系列卓有成效的生态环境建设和绿色生态经济发展。龙泉市以国家公园的理念和标准为引领,全力推进百山祖国家公园创建,并通过"五水共治""绿盾"自然保护区监督检查等专项行动,持续加强生态环境保护和建设。自2022年7月入选全省第一批低碳创建试点县以来,龙泉市立足优越的生态禀赋,以碳汇交易项目为抓手,推动生态产品价值实现,积极为丽水打造"中国碳中和先行区"贡献力量。龙泉市不断做精"竹茶菌蔬"四大主导产业,做优中蜂、水果、中药材等特色产业。同时,依托革命老区的红色资源,构建以红色文化为引领、经典旅游景区为核心的文化旅游产业。龙泉市深入贯彻落实"绿水青山就是金山银山"发展理念,积极开展"两山银行"试点工作,通过"资源收储—资产整合—资金变现—项目运作—产业发展—强村富民"的思路,全力探索生态资源向生态资产、资本转化路径。此外,龙泉市还在全国率先启动地役权改革,颁发了全省第一本集体林地地役权证,创新设立

"两山公司""两山银行",成为全国林权制度改革示范县、全国新一轮集体林业综合改革试验区。

总之,龙泉市以其卓越的生态环境质量、丰富的自然资源与生物多样性、蓬勃的绿色发展与生态经济以及显著的生态优势与经济效益,展现出了强大的生态活力。

一、龙泉市生态活力指数分析

在长三角 60 个中小城市生态活力指数 2024 年度排名中,龙泉市取得了长三角三省一市第 2 名、浙江省第 1 名的优异成绩(见表 9-1)。

表 9-1 龙泉市生态活力各指标排名

生态活力指数 (排名第2)	生态禀赋 (排名第1)	空气质量达标率(排名4)
		集中式饮用水源地水质达标率(排名并列1)
		生物多样性(排名并列13)
		生态市(区)等级(排名并列1)
	生态压力 (排名第3)	第二产业增加值占比(排名54)
		工业用电量同比增长(排名20)
		民用汽车拥有量(排名58)
		人口密度(排名60)
	生态响应 (排名第31)	工业二氧化硫排放量下降率(排名40)
		工业废水排放量下降率(排名53)
		化肥施用量下降率(排名21)
		$PM_{2.5}$年均浓度下降率(排名12)
	生态效益 (排名第3)	建成区绿化覆盖率(排名34)
		节能环保支出占 GDP 比重(排名4)
		燃气普及率(排名并列1)
		城镇生活污水集中处理率(排名5)

(一) 生态禀赋

龙泉市生态禀赋指数在长三角三省一市 60 个中小城市中排名第 1。龙泉市空气质量达标率 98.9%,排名第 4;集中式饮用水源地水质达标率 100%,排名并列第 1;生物多样性 5 个,排名并列第 13;生态市(区)等级为 2 级(国家级),排名并列第 1。

可见,龙泉市生态禀赋方面表现优秀,集中式饮用水源地水质达标率与生态市(区)等级表现突出,空气质量也排名靠前,生物多样性方面应继续努力。随着人类活动的不断扩张,龙泉市的生态环境面临着一定的挑战。加强生物多样性保护有助于应对这些挑战,保护生态系统的完整性和稳定性。一方面可以通过开展广泛的宣传教育活动,提高公众对野生动植物的认知度和保护意识。这有助于形成全社会共同参与生物多样性保护的良好氛围。另一方面加大对非法狩猎、滥捕乱猎等违法行为的打击力度,严惩破坏生物多样性的犯罪行为。这有助于维护生物多样性的安全稳定,保障生态系统的健康发展。

(二) 生态压力

龙泉市生态压力指数在长三角三省一市 60 个中小城市中排名第 3(生态压力指数越小,排名越靠前)。龙泉市第二产业增加值占比为 35.01%,排名第 54;工业用电量同比增长为 2.74%,排名第 20;民用汽车拥有量 58 523 辆,排名第 58;人口密度为 78.46 人/km^2,排名第 60。

可见,龙泉市生态压力较小,其中 3 个造成生态压力的负向指标均排名倒数,表现良好,工业用电量方面有待改善。其原因在于龙泉市的经济增长势头强劲,全市生产总值持续增长,增速位列丽水第二,创近 10 年最好成绩。经济增长通常伴随着工业生产活动的增加,这将直接提升对电力的需求。同时,随着龙泉市产业结构的优化升级,重工业和制造业等电力需求较大的产业可能会得到进一步发展,这也将推动工业用电量的提升。龙泉市可以通过引进和应用先进的节能技术和设备,提高工业生产的能源利用效率,可以在保障工业生产需求的同时,降低单位产出的能耗,从而减少对电力的需求。

(三) 生态响应

龙泉市生态响应指数在长三角三省一市 60 个中小城市中排名第 31。工业二氧化硫排放量下降率 -10.52%,排名第 40;工业废水排放量下降率 -20.58%,排名第 53;化肥施用量下降率 1.91%,排名第 21;$PM_{2.5}$ 年均浓度下降率 5.56%,排名第 12。

可见,龙泉市生态响应方面表现一般,有较大进步空间,尤其亟待降低工业二氧化硫和工业废水的排放量。

参考龙泉市及类似地区的环境统计数据,可以看出工业二氧化硫排放量仍然处于较高水平。工业二氧化硫排放主要来源于工业生产过程,特别是燃烧化石燃料和某些金属冶炼过程。龙泉市作为工业发展较为活跃的地区,其工业二氧化硫排放量可能受到多种因素影响,包括产业结构、能源结构、环保政策等。二氧化硫是大气污染的主要成分之一,对空气质量和生态环境造成严重影响。降低工业二氧化硫排放量有助于改善空气质量,保护生态环境。具体可以通过以下方式降低工业二氧化硫排放量:首先,优化产业结构,推动产业转型升级,减少高污染、高能耗产业的比重,增加绿色、低碳、环保产业的比重;其次,推广清洁能源和可再生能源的使用,减少化石燃料的消耗,降低工业二氧化硫排放的源头;再次,加强环保部门的监管力度,对违法排放行为进行严厉打击,确保企业遵守环保法规;最后,鼓励企业采用先进的环保技术和设备,提高污染物的处理能力,降低工业二氧化硫的排放量。

数据表明龙泉市工业废水排放量同样处于较高水平。工业废水的大量排放不仅浪费了水资源,还可能对水体环境造成污染,影响生态平衡和人类健康。减少工业废水排放是保护水环境、维护生态平衡的重要措施。降低排放量有助于改善水质,保护水资源。具体可以从以下几方面着手:1. 提高废水处理设施的建设标准和处理能力,确保废水经过处理后达到排放标准。2. 鼓励企业采用清洁生产技术,减少废水产生量。通过优化生产工艺、提高资源利用效率等方式,降低废水排放。3. 环保部门应加强对企业废水排放的监管和执法力度,对违法排放行为进行严厉打击。同时,建立健全的监测体系,及时发现和处理废水排放问题。4. 加强环保宣传教育,提高公众的环保意识。鼓励公众参与环保行动,共同维护良好的生态环境。5. 对高污染、高能耗的企业征收环保税,通过经济手段引导企业减少废水排放。

(四) 生态效益

龙泉市生态效益指数在长三角三省一市 60 个中小城市中排名第 3。龙泉市建成区绿化覆盖率 42.27％,排名第 34;节能环保支出占 GDP 比重 0.8％,排名第 4;燃气普及率 100％,排名并列第 1;城镇生活污水集中处理率 98.9％,排名第 5。

可见,龙泉市生态效益排名属于头部城市,节能环保支出占 GDP 比重和城镇生活污水集中处理表现优秀,表明政府非常注重节能环保和污水处理方面的投入和支持,建成区绿化覆盖率处于中游位置,有待提升。

尽管龙泉市在公园绿地建设方面有所投入,但与市民日益增长的绿色生活需求相比,绿化面积仍然显得不足。部分区域绿地分布不均,导致一些地区的居民难以享受到足够的绿色空间。其中,部分已建成的绿地存在植被单一、景观单调等问题,缺乏层次感和美感,影响了绿化效果。同时,部分绿地的养护管理不到位,导致植被生长不良,甚至出现裸露土地的现象。在城市规划和建设中,绿化规划往往滞后于其他规划,导致绿地空间被其他建设项目挤占,难以形成完整的绿地系统。针对以上具体问题,应采取相对应的措施。首先,在城市规划和建设中,应充分考虑绿化用地的需求,合理布局绿地空间,增加绿化面积。同时,可以通过拆违建绿、见缝插绿等方式,充分利用城市空间增加绿化面积。其次,在绿化建设中,应注重植被的多样性和景观的层次感,营造优美的绿化环境。同时,加强绿地的养护管理,确保植被生长良好,避免出现裸露土地的现象。再次,在城市规划和建设中,应优先考虑绿化规划,确保绿地空间不被其他建设项目挤占。同时,加强与相关部门的协调配合,形成合力推进城市绿化建设。最后,通过宣传和教育,提高市民对绿化工作的认识和支持度。鼓励市民积极参与绿化建设和管理,形成全社会共同关注和支持城市绿化建设的良好氛围。

二、龙泉市生态活力发展成就分析

从龙泉市在整个长三角中小城市中的表现来看,它在生态活力方面成就突出,这与当地政府大量的人力、物力、财力支持分不开,更与政府不断探索的生态环境保护政策分不开。

龙泉市在生态建设方面制定并实施了一系列政策,这些政策旨在改善生态环境、提升森林覆盖率、促进绿色发展,并打造美丽幸福的龙泉。以下是对龙泉市生态建设政策的主要概述:

战略政策通常包含在龙泉市的生态环境保护规划、行动计划或具体工作要点中,如《龙泉市"十四五"生态环境保护规划》《高水平建设美丽龙泉规划纲要(2020—2035年)》等。

2024年4月9日,龙泉市人民政府印发《龙泉市关于加快推进生态工业高质量绿色发展的若干政策》(龙政发〔2024〕13号)文件。[①] 该政策结合当前浙江省工业经济发展重点、上级的政策扶持导向及数字化兑现平台运行的要求,主要分为提质增效激励、技术创新激励、智能化技术改造激励、企业梯度培育激励、数字经济发展激励、小微园运营激励、绿色安全发展激励、军民融合发展激励、完善

---

① 龙泉市人民政府关于印发《龙泉市关于加快推进生态工业高质量绿色发展的若干政策》的通知[EB/OL].(2024-04-15)[2024-07-12].http://www.longquan.gov.cn/art/2024/4/15/art_1229382448_2517675.html.

创业创新激励机制和附则这10个方面,共19条,具体奖补事项43项,重点扶持企业提质增效、技术创新、技术改造、企业梯度培育等,借此全面推动龙泉市生态工业高质量绿色发展。

龙泉市制定了《龙泉市高质量推进国土绿化五年行动实施方案(2020—2024年)》,[①]明确了通过推进"五大森林"建设(山地、坡地、城市、乡村、通道森林)来构建完善的森林体系,提升森林覆盖率,改善生态环境。实施了一系列植树造林、森林抚育、封山育林等措施,加强森林资源的培育和保护。

为了深入推行河湖长制,龙泉市制定了《龙泉市河湖长制"护航亚运"河湖水域岸线保护专项行动方案》等文件,[②]加强河湖水域岸线的保护和管理。加大对水环境污染的治理力度,实施污水处理、生态修复等工程,提高水质标准,保护水资源安全。

龙泉市还通过制定和实施其他相关政策,如《龙泉市关于进一步加强工业用地高质量利用全生命周期管理的实施意见》等,来加强工业用地的管理,提高土地利用效率,促进工业经济的绿色发展。

综上所述,龙泉市在生态建设方面采取了多项政策措施,涵盖了国土绿化、河湖生态保护、生态工业绿色发展等多个领域,旨在通过综合施策、多措并举来推动生态环境的持续改善和可持续发展。

三、龙泉市对其他城市的借鉴意义

龙泉市在生态活力建设方面的积极探索和显著成效,为其他城市提供了宝贵的借鉴。

(一) 推进综合性与系统性规划,完善生态治理体系

龙泉市在生态建设上注重综合性与系统性规划,通过制定长远的发展规划和实施方案,明确了生态建设的目标和路径。这种规划方式有助于确保各项生态建设措施之间的协调性和互补性,避免碎片化、短视化的建设行为。其他城市可以借鉴龙泉市的做法,制定综合性的生态建设规划,并确保其与其他发展规划相衔接,形成合力。

(二) 构建多元主体参与模式,形成共建共治共享格局

龙泉市在生态建设中积极鼓励政府、企业、社会组织和公众等多元主体的参

---

① 龙泉市人民政府办公室关于印发《龙泉市高质量推进国土绿化五年行动实施方案(2020—2024年)》的通知[EB/OL].(2020-03-27)[2024-07-12].http://www.longquan.gov.cn/art/2020/3/27/art_1229382445_1803001.html.

② 龙泉市升级河长制全力"护航亚运"水环境[EB/OL].(2023-11-03)[2024-07-12].http://slj.lishui.gov.cn/art/2023/11/3/art_1229248091_58937085.html.

与。通过政策引导、资金支持、社会动员等多种方式,激发各方参与生态建设的积极性和创造性。这种多元主体参与的模式有助于形成共建共治共享的良好局面,提高生态建设的效率和效果。其他城市可以借鉴龙泉市的这一做法,推动生态建设从政府主导向政府引导、社会参与的方向转变。

(三) 坚持绿色发展理念,实现生态与经济双赢

龙泉市在生态建设中始终坚持绿色发展理念,将生态保护与经济发展紧密结合。通过发展生态工业、生态农业、生态旅游等绿色产业,推动经济结构的优化升级和转型发展。这种绿色发展理念有助于实现经济发展与生态保护的良性循环,为城市的可持续发展奠定坚实基础。其他城市可以借鉴龙泉市的绿色发展理念,将生态保护纳入经济发展全局,推动经济绿色转型。

(四) 强化科技创新支撑,提高生态环境保护水平

龙泉市在生态建设中注重科技支撑和创新驱动。通过引入先进的生态技术和管理模式,提高生态建设的科技含量和创新能力。这种科技支撑和创新驱动的模式有助于解决生态建设中的技术难题和管理问题,提高生态建设的科学性和实效性。其他城市可以借鉴龙泉市的这一做法,加强科技研发和创新应用,推动生态建设的智能化、精细化发展。

(五) 加强生态环境保护宣传教育,提高居民环保意识

龙泉市注重公众参与和宣传教育在生态建设中的作用。通过开展形式多样的宣传教育活动,提高公众的生态意识和环保责任感。同时,鼓励公众参与生态建设活动,形成全社会共同参与的良好氛围。这种模式有助于增强公众对生态建设的认同感和支持度,推动生态建设的深入开展。其他城市可以借鉴龙泉市的这一做法,加强公众参与和宣传教育工作,营造浓厚的生态建设氛围。

综上所述,龙泉市在生态建设方面的成功实践为其他城市提供了宝贵经验。其他城市可以结合自身实际,借鉴龙泉市的经验和做法,推动生态活力的提升。

（作者：兰晓敏）

案例四

巢湖市生态活力案例分析

巢湖市,位于安徽省中部、江淮丘陵南部,是安徽省辖县级市,由合肥市代管。全市土地总面积为 2 046.14 平方千米,其中区域内巢湖水域面积达到 463.78平方千米。2023 年 11 月 1 日零时,巢湖市(含安徽巢湖经济开发区)常住人口为 72.8 万人。巢湖市历史悠久,文字记载的历史有 3 000 余年。经济社会呈现稳中有进、进中提质的良好态势。巢湖市境内有多条铁路和高速公路穿境而过,巢湖港是安徽省第一大内河港口。巢湖市拥有丰富的文化和旅游资源。巢湖市注重环境保护和生态文明建设,空气质量和水质持续改善。巢湖市启动了"无废城市"建设,危废利用处置率达到 100%,城市绿化覆盖率较高,人均公园绿地面积达到 15.8 平方米。总之,巢湖市是一个地理位置优越、历史悠久、经济发展迅速、交通便捷、文化旅游资源丰富且注重环境保护的现代化城市。

一、巢湖市生态活力指数排名

根据前面长三角 60 个中小城市生态活力指数排名的研究,我们发现安徽省巢湖市表现亮眼。巢湖市不仅荣登安徽省中小城市的第 1 名,而且成为全部长三角 60 个中小城市的第 3 名(见表 10-1)。

表 10-1 巢湖市生态活力指数排名

一级指标	二级指标	三级指标
生态活力指数(3)	生态禀赋指数(9)	空气质量达标率(33)
		集中式饮用水源地水质达标率(1)
		生物多样性(2)
		生态市(区)等级(1)
	生态压力指数(4)	第二产业增加值占比(11)

续 表

一级指标	二级指标	三级指标
生态活力指数(3)	生态压力指数(4)	工业用电量同比增长(16)
		民用汽车拥有量(17)
		人口密度(10)
	生态响应指数(15)	工业二氧化硫排放量下降率(29)
		工业废水排放量下降率(43)
		化肥使用量下降率(5)
		PM$_{2.5}$浓度下降率(30)
	生态效益指数(9)	建成区绿化覆盖率(3)
		节能环保支出占 GDP 比重(27)
		燃气普及率(53)
		城镇生活污水集中处理率(22)

(一) 生态禀赋指数

巢湖市生态禀赋指数排名第 9。空气质量达标率为 85.3%,排名第 33。集中式饮用水源地水质达标率为 100%,排名并列第 1。生物多样性(代表性湿地＋代表性森林公园)为 8 个,排名并列第 2。生态市(区)等级为 2,排名并列第 1。巢湖市生态禀赋整体较好,但从 4 个指标来看,集中式饮用水源地水质达标率、生物多样性、生态市(区)等级这 3 个指标表现优秀,而空气质量达标率指标表现一般。巢湖市今后应当努力的方向是进一步提高空气质量达标率。

(二) 生态压力指数

巢湖市生态压力指数排名第 4。第二产业增加值占比为 39.12%,排名第 11。工业用电量同比增长−5.01%,排名第 16。民用汽车拥有量 127 212 辆,排名第 17。人口密度 351 人/km²,排名第 10。综合来看,巢湖市面临的生态压力比较小,这对于其提升城市生态活力是有利的。

(三) 生态响应指数

巢湖市生态响应指数排名第 15。工业二氧化硫排放量下降率为 2.16%,排名第 29。工业废水排放量下降率为−4.05%,排名第 43。化肥使用量下降率为

5.03％,排名第5。PM$_{2.5}$浓度下降率为2.12％,排名第30。巢湖市生态响应指数排名也是比较靠前的。但是4个指标排名参差不齐。其中工业二氧化硫排放量下降率和PM$_{2.5}$浓度下降率这两个指标表现一般,而工业废水排放量下降率这个指标表现不佳,不但没有下降,反而上升了4.05％。化肥使用量下降率这个指标表现非常好,比上年下降了5.03％。整体来看,巢湖市在污染防治方面还需继续努力。

(四) 生态效益指数

巢湖市生态效益指数排名第9。建成区绿化覆盖率为46.30％,排名第3。节能环保支出占GDP比重为0.20％,排名第27。燃气普及率为99.20％,排名第53。城镇生活污水集中处理率为97.80％,排名第22。巢湖市生态效益整体较好。但各指标表现差异较大。最好的是建成区绿化覆盖率。节能环保支出占GDP比重和城镇生活污水集中处理率表现一般。而燃气普及率排名较为靠后,还有很大的进步空间。

二、巢湖市生态活力政策文件

巢湖市在生态环境保护方面制定了一系列政策文件,这些文件为巢湖市的生态环境治理和保护提供了明确的指导和支持。这些政策文件不仅明确了巢湖市生态环境治理的目标和措施,还提供了具体的实施路径和保障措施。

1.《巢湖市"无废城市"建设实施方案》

目标:到2025年,巢湖市绿色建筑占新建建筑的比例达到100％,全市范围邮政快递网点禁止使用不可降解的塑料包装袋等。措施:强化蓝藻拦截、打捞与藻水分离能力,推广蓝藻高效打捞技术,建立合理的蓝藻打捞和处置补贴机制。

2.《合肥市生态环境局关于印发〈2024年度合肥市危险废物规范化环境管理评估工作方案〉的通知》

内容:巢湖市生态环境分局根据该通知制定了《2024年度巢湖市危险废物规范化环境管理评估工作方案》,分四个季度开展规范化评估检查。评估项目:包括污染环境责任制度、标识制度、管理计划制度等14项评估项目和18条主要评估内容。

3.《芜湖市巢湖流域农业面源污染治理2022年工作方案》

目标:到2022年底,芜湖市巢湖流域农业面源污染得到有效遏制,氮、磷、有机质等入湖物质明显下降。措施:开展农业面源污染调查,推进化肥农药减量增效,促进畜禽粪污、秸秆、养殖尾水资源化利用等。

三、巢湖市生态活力发展的先进经验

（一）系统规划与综合治理

（1）全面规划：巢湖市在生态环境治理方面制定了全面的规划，如推进碧水、安澜、富民"三大工程"，实施点源、线源、面源、内源"四源同治"，确保治理工作的系统性和整体性；

（2）综合治理：通过城乡污水处理能力提升、湿地公园建设、农业面源污染防治等多方面的综合治理措施，巢湖市实现了生态环境的显著改善。

（二）湿地保护与修复

（1）湿地公园建设：巢湖市成功建设了半岛湿地、柘皋河湿地及槐林湿地三大湿地公园，规划面积达到 25 000 亩，修复面积 12 300 亩，为湿地生态的保护与恢复提供了重要载体；

（2）生物多样性提升：湿地公园的建设有效提升了湿地生物多样性，湿地资源记录的植物数量由 2013 年的 211 种升至 562 种，沿岸有记录的鸟类总数已达 303 种，包括珍稀鸟类如东方白鹳、青头潜鸭等。

（三）水环境治理与保护

（1）水质提升与监测：巢湖市通过实施一系列水环境治理工程，成功将全湖平均水质由 2015 年的劣Ⅴ类提升至Ⅳ类，部分时段甚至达到Ⅲ类，创下了 1979 年有监测记录以来的最好水平。建立了完善的水质监测网络，实现了对巢湖及其入湖河流的实时、全面监测，为水质提升提供了科学依据；

（2）蓝藻防控：构建了"数字巢湖"平台，通过卫星遥感、无人机监测等多种手段，实现了对蓝藻水华的精准预测和预警，有效减少了蓝藻水华的发生。建立了蓝藻网格化防控体系，加强了蓝藻的打捞和处置能力，有效遏制了蓝藻的扩散。

（四）农业面源污染防治

（1）化肥农药减量增效：巢湖市大力推广绿色种植技术，实现了化肥农药使用量的"零增长"，有效减少了农业面源污染。通过实施节水养田、治河清源等措施，进一步提高了农田的节水能力和环境效益；

（2）畜禽养殖污染防治：加强了畜禽养殖污染防治工作，推广了畜禽粪污资源化利用技术，减少了畜禽养殖污染物的排放。通过这些措施的实施，有效改善了巢湖周边的环境质量。

（五）科技创新与数字化治理

（1）数字化治理平台建设：巢湖市构建了"数字巢湖"平台，实现了对巢湖生

态环境的数字化、智能化管理。通过该平台,可以实时掌握巢湖的水质、蓝藻水华等情况,为生态环境治理提供了有力支持;

(2)环境监测能力提升:巢湖市加强了环境监测网络建设,提高了环境监测能力和水平。通过监测数据的分析和应用,为生态环境治理提供了科学依据和决策支持。

(六)法规制度体系完善

(1)法规制度建设:巢湖市不断完善生态环境保护的法规制度体系,为生态环境治理提供了有力的法律保障。通过制定和实施一系列法规制度,确保了生态环境治理工作的有序开展;

(2)执法力度加强:巢湖市加大了生态环境执法力度,严厉打击了违法违规行为。通过加强执法队伍建设,提高了执法能力和水平,确保了生态环境治理工作的有效实施。

综上所述,巢湖市在生态治理方面取得了显著成效,生态活力不断增强,为城市的可持续发展奠定了坚实基础。其先进经验主要体现在系统规划与综合治理、湿地保护与修复、水环境治理与保护、农业面源污染防治、科技创新与数字化治理以及法规制度体系完善等方面。这些经验为其他地区提供了宝贵的借鉴和参考。

四、巢湖市生态活力提升需要改进的地方

巢湖市在生态活力方面已取得显著成效,但仍需在多个方面持续努力和改进,以实现更高水平的生态环境质量。

(一)水环境治理方面

水质提升:虽然巢湖水质已稳定保持Ⅳ类,但仍有提升空间。应进一步加大水环境治理力度,争取实现更高标准的水质目标,如达到Ⅲ类及以上。入湖河流监管:尽管8条主要入湖河流均达到Ⅲ类及以上,但仍需加强日常监管,确保水质稳定达标,防止污染反弹。蓝藻防控长效机制:巢湖湖体处于半封闭状态,蓝藻防控任务艰巨。应进一步完善蓝藻网格化防控体系,形成长效防控机制,确保蓝藻水华得到有效控制。

(二)湿地保护与修复方面

湿地保护范围扩大:目前巢湖市已建成三大湿地公园,但湿地保护范围仍有扩大空间。应进一步推进湿地保护与修复工程,扩大湿地保护范围,提高湿地生态功能。生物多样性保护:在湿地保护和修复过程中,应注重生物多样性的保护。通过加强生态监测和巡护,确保湿地生态系统健康稳定,生物多样性得到

有效保护。

（三）农业面源污染防治方面

化肥农药减量增效深化：虽然化肥农药使用量已实现"零增长"，但仍有进一步减量的空间。应继续深化化肥农药减量增效工作，推广绿色种植技术，降低化肥农药使用量，减少农业面源污染。畜禽养殖污染防治加强：畜禽养殖是农业面源污染的重要来源之一。应加强畜禽养殖污染防治工作，推广畜禽粪污资源化利用技术，减少污染排放。

（四）科技创新与数字化治理方面

数字化治理水平提升：虽然已构建"数字巢湖"平台，但数字化治理水平仍有提升空间。应进一步加强科技创新，运用现代信息技术提升生态环境治理的数字化、智能化水平。环境监测能力建设：应完善环境监测网络，提高监测能力和水平。加强环境监测数据的分析和应用，为生态环境治理提供科学依据。

（五）法规制度体系完善方面

法规制度健全：继续完善生态环境保护的法规制度体系，确保各项治理措施有法可依、有章可循。执法力度加强：加大生态环境执法力度，严厉打击违法违规行为。加强执法队伍建设，提高执法能力和水平。

（作者：高昉）

附　录

附表1　长三角中小城市生态活力指数及各分指数得分

省 （直辖市）	地级 市	县级市 （区）	生态禀 赋指数	生态压 力指数	生态响 应指数	生态效 益指数	生态活 力指数
上海		闵行区	71.11	16.40	79.58	49.85	57.40
上海		宝山区	43.60	20.52	82.38	36.50	48.84
上海		嘉定区	44.35	12.41	77.87	34.09	45.45
上海		松江区	43.79	32.99	77.91	50.81	53.62
上海		金山区	70.00	16.85	80.46	54.84	58.72
上海		青浦区	71.56	71.23	83.21	57.01	71.35
上海		奉贤区	69.80	26.22	77.78	57.01	60.28
上海		崇明区	71.80	100.00	71.33	62.92	75.08
江苏	无锡	江阴市	56.67	21.83	74.03	58.71	55.42
江苏	无锡	宜兴市	72.47	40.38	71.61	59.62	62.58
江苏	徐州	新沂市	46.22	59.85	71.92	57.59	59.50
江苏	徐州	邳州市	79.55	64.77	68.91	52.50	66.64
江苏	常州	溧阳市	63.64	33.21	68.67	57.75	57.59
江苏	苏州	常熟市	67.55	24.43	74.96	58.82	58.97
江苏	苏州	张家港市	64.39	26.39	73.74	61.57	58.89
江苏	苏州	昆山市	62.67	0.00	63.34	58.30	49.24
江苏	苏州	太仓市	67.42	54.68	73.05	60.66	64.87

续　表

省（直辖市）	地级市	县级市（区）	生态禀赋指数	生态压力指数	生态响应指数	生态效益指数	生态活力指数
江苏	苏州	吴江区	66.15	25.16	59.79	56.63	53.67
江苏	南通	启东市	68.34	51.08	75.33	56.91	64.13
江苏	南通	如皋市	71.95	40.56	73.28	54.36	61.67
江苏	南通	海安市	66.84	40.08	70.67	37.17	55.22
江苏	盐城	东台市	65.08	73.49	70.24	46.77	63.73
江苏	扬州	仪征市	63.10	49.60	78.49	44.03	60.25
江苏	扬州	高邮市	64.67	40.98	74.37	45.82	58.13
江苏	镇江	丹阳市	72.92	46.14	76.16	49.46	62.67
江苏	镇江	扬中市	57.32	48.34	56.34	36.77	50.09
江苏	镇江	句容市	61.64	63.79	61.86	43.46	57.59
江苏	泰州	兴化市	62.61	62.36	75.43	49.37	63.10
江苏	泰州	靖江市	61.04	41.32	72.83	60.67	60.54
江苏	泰州	泰兴市	67.55	39.74	70.64	51.74	58.96
浙江	杭州	建德市	81.01	60.31	76.29	57.76	69.64
浙江	宁波	余姚市	63.53	29.93	65.01	59.52	56.25
浙江	宁波	慈溪市	69.80	11.62	71.23	57.74	55.58
浙江	温州	瑞安市	66.67	42.83	72.52	55.39	60.84
浙江	温州	乐清市	80.13	45.05	75.27	54.54	65.26
浙江	温州	龙港市	49.05	43.77	74.38	44.12	54.36
浙江	嘉兴	海宁市	67.91	23.47	80.90	57.35	60.28
浙江	嘉兴	平湖市	76.46	22.96	71.75	54.32	58.81

省 （直辖市）	地级 市	县级市 （区）	生态禀 赋指数	生态压 力指数	生态响 应指数	生态效 益指数	生态活 力指数
浙江	嘉兴	桐乡市	75.11	33.28	77.87	56.97	63.04
浙江	嘉兴	嘉善县	69.29	41.63	63.83	62.18	60.34
浙江	绍兴	诸暨市	80.76	39.54	73.28	50.88	62.80
浙江	绍兴	嵊州市	71.22	44.26	72.09	52.49	61.41
浙江	金华	兰溪市	61.94	53.14	74.93	54.48	62.21
浙江	金华	义乌市	79.19	18.81	71.42	53.58	58.38
浙江	金华	东阳市	69.39	39.32	65.50	58.05	59.38
浙江	金华	永康市	65.74	41.00	86.14	63.16	66.27
浙江	衢州	江山市	73.30	68.31	69.73	58.64	67.57
浙江	台州	玉环市	64.63	50.70	60.73	51.34	57.35
浙江	台州	温岭市	79.17	41.59	70.37	56.57	63.36
浙江	台州	临海市	64.15	50.71	71.47	67.80	64.57
浙江	丽水	龙泉市	82.65	80.26	72.37	65.25	74.74
安徽	合肥	巢湖市	77.21	76.46	75.47	60.74	72.42
安徽	阜阳	界首市	4.17	39.61	73.03	67.07	47.64
安徽	滁州	天长市	48.17	35.88	76.81	62.35	57.85
安徽	滁州	明光市	60.20	89.26	65.24	58.59	67.12
安徽	芜湖	无为市	52.06	19.51	36.33	53.27	41.13
安徽	宣城	宁国市	81.89	43.66	69.44	49.70	62.46
安徽	宣城	广德市	69.50	61.80	64.85	50.98	61.94
安徽	安庆	桐城市	76.10	46.41	58.81	46.46	57.56
安徽	安庆	潜山市	71.16	67.50	51.37	50.38	59.29

附表2 长三角中小城市生态禀赋指数各指标原始数据

省（直辖市）	地级市	县级市（区）	空气质量达标率	集中式饮用水源地水质达标率	生物多样性（代表性湿地＋代表性森林公园）	生态市（区）等级
上海		闵行区	87.9	100	4	2
上海		宝山区	87.4	100	3	0
上海		嘉定区	90.7	100	2	0
上海		松江区	85.2	100	4	0
上海		金山区	86.6	100	4	2
上海		青浦区	86	100	5	2
上海		奉贤区	88.8	100	3	2
上海		崇明区	88.7	100	4	2
江苏	无锡	江阴市	80.3	80	5	2
江苏	无锡	宜兴市	82.2	100	7	2
江苏	徐州	新沂市	75.9	100	3	1
江苏	徐州	邳州市	75.9	100	13	2
江苏	常州	溧阳市	79.2	100	4	2
江苏	苏州	常熟市	78.9	100	6	2
江苏	苏州	张家港市	82.5	100	3	2
江苏	苏州	昆山市	80.5	100	3	2
江苏	苏州	太仓市	83.6	100	4	2
江苏	苏州	吴江区	79.7	100	5	2
江苏	南通	启东市	87.1	100	3	2
江苏	南通	如皋市	81.6	100	7	2
江苏	南通	海安市	80.5	100	5	2
江苏	盐城	东台市	83.3	100	3	2

续 表

省 （直辖市）	地级 市	县级市 （区）	空气质量 达标率	集中式饮用水 源地水质 达标率	生物多样性 （代表性湿地＋ 代表性森林公园）	生态市 （区） 等级
江苏	扬州	仪征市	81	100	3	2
江苏	扬州	高邮市	80.4	100	4	2
江苏	镇江	丹阳市	80.3	100	8	2
江苏	镇江	扬中市	76.7	100	2	2
江苏	镇江	句容市	79.3	100	3	2
江苏	泰州	兴化市	78	100	4	2
江苏	泰州	靖江市	78.6	100	3	2
江苏	泰州	泰兴市	78.9	100	6	2
浙江	杭州	建德市	97	100	5	2
浙江	宁波	余姚市	91.2	100	5	1
浙江	宁波	慈溪市	88.8	100	3	2
浙江	温州	瑞安市	99.7	100	3	1
浙江	温州	乐清市	98.4	100	4	2
浙江	温州	龙港市	98.6	100	1	0
浙江	嘉兴	海宁市	86.6	100	3	2
浙江	嘉兴	平湖市	91.7	100	5	2
浙江	嘉兴	桐乡市	87.7	100	6	2
浙江	嘉兴	嘉善县	88.2	100	3	2
浙江	绍兴	诸暨市	96.7	100	5	2
浙江	绍兴	嵊州市	95.3	100	7	1
浙江	金华	兰溪市	94.2	100	3	1
浙江	金华	义乌市	97.3	100	4	2

省（直辖市）	地级市	县级市（区）	空气质量达标率	集中式饮用水源地水质达标率	生物多样性（代表性湿地＋代表性森林公园）	生态市（区）等级
浙江	金华	东阳市	95.6	100	6	1
浙江	金华	永康市	96.2	100	4	1
浙江	衢州	江山市	95.3	100	2	2
浙江	台州	玉环市	94.9	100	4	1
浙江	台州	温岭市	99.7	100	3	2
浙江	台州	临海市	99.2	100	2	1
浙江	丽水	龙泉市	98.9	100	5	2
安徽	合肥	巢湖市	85.3	100	8	2
安徽	阜阳	界首市	70.6	50	3	0
安徽	滁州	天长市	80.6	100	2	1
安徽	滁州	明光市	84.9	100	6	1
安徽	芜湖	无为市	82.7	100	3	1
安徽	宣城	宁国市	95.6	100	6	2
安徽	宣城	广德市	83.6	100	5	2
安徽	安庆	桐城市	93.7	100	4	2
安徽	安庆	潜山市	92.8	100	2	2

附表 3 长三角中小城市生态压力指数各指标原始数据

省（直辖市）	地级市	县级市（区）	第二产业增加值占比（％）	工业用电量同比增长（％）	民用汽车拥有量（辆）	人口密度（人/km²）
上海		闵行区	33.9	−8.50	517 994	7 324
上海		宝山区	34.6	−13.90	426 202	8 259

续 表

省（直辖市）	地级市	县级市（区）	第二产业增加值占比（％）	工业用电量同比增长（％）	民用汽车拥有量（辆）	人口密度（人/km²）
上海		嘉定区	57.8	−4.80	359 636	4 052
上海		松江区	48.8	−9.20	376 301	3 256
上海		金山区	63.5	13.70	156 870	1 342
上海		青浦区	31.5	−7.15	243 838	1 896
上海		奉贤区	64.3	−2.20	214 760	1 630
上海		崇明区	23.8	−9.00	121 633	532
江苏	无锡	江阴市	52.03	−7.13	604 300	1 803
江苏	无锡	宜兴市	52.62	−5.10	386 400	641
江苏	徐州	新沂市	39.00	8.27	155 200	605
江苏	徐州	邳州市	39.05	−2.40	237 700	685
江苏	常州	溧阳市	54.20	9.60	244 600	522
江苏	苏州	常熟市	50.57	−2.42	568 700	1 324
江苏	苏州	张家港市	50.60	−1.23	504 200	1 455
江苏	苏州	昆山市	52.22	−5.89	881 300	2 242
江苏	苏州	太仓市	49.11	−12.63	311 900	1 037
江苏	苏州	吴江区	52.29	−4.92	569 058	1 244
江苏	南通	启东市	49.30	−3.71	249 100	786
江苏	南通	如皋市	50.14	−1.13	354 600	811
江苏	南通	海安市	54.60	2.95	212 000	726
江苏	盐城	东台市	36.33	−2.15	195 800	273
江苏	扬州	仪征市	52.43	3.12	118 100	588
江苏	扬州	高邮市	50.19	15.83	123 000	364

续　表

省（直辖市）	地级市	县级市（区）	第二产业增加值占比（％）	工业用电量同比增长（％）	民用汽车拥有量（辆）	人口密度（人/km²）
江苏	镇江	丹阳市	53.49	−5.24	247 800	936
江苏	镇江	扬中市	54.27	2.16	78 200	937
江苏	镇江	句容市	45.18	1.16	90 400	461
江苏	泰州	兴化市	39.16	4.18	191 300	468
江苏	泰州	靖江市	55.48	0.38	185 400	1 006
江苏	泰州	泰兴市	51.14	7.54	204 500	846
浙江	杭州	建德市	50.65	−2.00	108 838	190
浙江	宁波	余姚市	59.35	−7.91	424 135	936
浙江	宁波	慈溪市	60.73	−6.08	585 794	1 612
浙江	温州	瑞安市	45.31	−4.02	426 457	1 197
浙江	温州	乐清市	45.61	−4.29	383 358	1 252
浙江	温州	龙港市	44.69	3.36	25 775	3 884
浙江	嘉兴	海宁市	58.12	2.08	322 230	1 615
浙江	嘉兴	平湖市	61.06	7.97	210 368	1 269
浙江	嘉兴	桐乡市	50.43	0.78	366 824	1 452
浙江	嘉兴	嘉善县	58.27	−6.68	202 237	1 310
浙江	绍兴	诸暨市	48.79	−3.18	462 080	524
浙江	绍兴	嵊州市	46.48	9.31	251 003	385
浙江	金华	兰溪市	52.11	−0.56	142 619	443
浙江	金华	义乌市	33.57	7.07	825 782	1 704
浙江	金华	东阳市	46.63	5.65	359 966	621
浙江	金华	永康市	54.59	−9.55	376 086	925

续　表

省 （直辖市）	地级 市	县级市 （区）	第二产业增 加值占比 （%）	工业用电量 同比增长 （%）	民用汽车 拥有量 （辆）	人口密度 （人/km²）
浙江	衢州	江山市	43.36	−1.82	127 332	243
浙江	台州	玉环市	53.45	−10.04	173 634	1 693
浙江	台州	温岭市	43.58	−4.54	438 518	1 699
浙江	台州	临海市	45.09	1.46	290 418	507
浙江	丽水	龙泉市	35.01	2.74	58 523	78.46
安徽	合肥	巢湖市	39.12	−5.01	127 212	351
安徽	阜阳	界首市	57.29	6.11	89 109	945
安徽	滁州	天长市	61.07	8.85	87 584	345
安徽	滁州	明光市	28.44	−0.27	88 922	206
安徽	芜湖	无为市	48.64	39.70	111 419	406
安徽	宣城	宁国市	59.23	4.32	95 000	155
安徽	宣城	广德市	50.18	−3.53	115 801	226
安徽	安庆	桐城市	51.75	10.13	90 869	401
安徽	安庆	潜山市	42.46	3.45	73 447	261

附表4　长三角中小城市生态响应指数各指标原始数据

省 （直辖市）	地级 市	县级市 （区）	工业二氧 化硫排放量 下降率（%）	工业废水 排放量 下降率（%）	化肥施用 量下降率 （%）	PM₂.₅年均 浓度下降率 （%）
上海		闵行区	2.49	14.93	0.35	10.3
上海		宝山区	−11.30	9.15	4.61	10.7
上海		嘉定区	−17.13	0.27	4.08	6.9
上海		松江区	−25.22	0.22	4.61	6.7

省（直辖市）	地级市	县级市（区）	工业二氧化硫排放量下降率（%）	工业废水排放量下降率（%）	化肥施用量下降率（%）	PM$_{2.5}$年均浓度下降率（%）
上海		金山区	9.47	9.10	4.61	6.9
上海		青浦区	−14.94	0.87	10.06	6.7
上海		奉贤区	8.23	5.50	4.61	3.8
上海		崇明区	−52.90	1.30	0.39	3.8
江苏	无锡	江阴市	22.92	−12.50	0.66	6.29
江苏	无锡	宜兴市	25.00	0.00	0.83	0.00
江苏	徐州	新沂市	22.12	−1.66	1.77	−0.28
江苏	徐州	邳州市	4.76	−30.56	0.03	4.18
江苏	常州	溧阳市	13.37	9.25	−1.00	−3.13
江苏	苏州	常熟市	−2.01	5.20	0.65	5.40
江苏	苏州	张家港市	4.05	6.97	0.37	3.33
江苏	苏州	昆山市	16.04	10.01	2.81	−16.00
江苏	苏州	太仓市	−0.92	1.83	0.06	4.00
江苏	苏州	吴江区	50.27	−102.60	2.35	0.00
江苏	南通	启东市	46.51	19.17	0.55	0.87
江苏	南通	如皋市	0.93	−4.56	0.69	4.69
江苏	南通	海安市	−28.77	−3.53	1.19	1.56
江苏	盐城	东台市	−0.68	−48.07	0.60	9.09
江苏	扬州	仪征市	61.28	11.66	8.26	−3.73
江苏	扬州	高邮市	−17.79	19.38	0.72	2.44
江苏	镇江	丹阳市	0.00	−11.10	−0.27	11.43
江苏	镇江	扬中市	50.00	−134.98	0.66	3.59

续　表

省（直辖市）	地级市	县级市（区）	工业二氧化硫排放量下降率（%）	工业废水排放量下降率（%）	化肥施用量下降率（%）	PM$_{2.5}$年均浓度下降率（%）
江苏	镇江	句容市	27.59	−91.68	−0.18	5.20
江苏	泰州	兴化市	40.59	25.46	0.61	0.00
江苏	泰州	靖江市	−1.20	16.27	0.73	0.00
江苏	泰州	泰兴市	−8.81	2.30	0.70	0.00
浙江	杭州	建德市	−27.63	20.66	4.95	0.00
浙江	宁波	余姚市	23.59	−3.00	−0.07	−7.69
浙江	宁波	慈溪市	19.24	2.81	0.20	0.00
浙江	温州	瑞安市	−25.69	−3.97	0.73	4.76
浙江	温州	乐清市	−23.98	5.94	−0.83	8.70
浙江	温州	龙港市	39.32	8.18	−1.25	4.35
浙江	嘉兴	海宁市	−9.41	47.71	2.58	3.45
浙江	嘉兴	平湖市	90.96	−0.43	5.91	−9.52
浙江	嘉兴	桐乡市	45.38	−0.29	4.34	3.57
浙江	嘉兴	嘉善县	−17.70	2.45	2.36	−11.54
浙江	绍兴	诸暨市	30.06	19.87	2.35	−3.70
浙江	绍兴	嵊州市	1.26	−1.47	2.52	0.00
浙江	金华	兰溪市	11.15	1.57	4.86	0.00
浙江	金华	义乌市	12.96	−6.96	2.16	0.00
浙江	金华	东阳市	−26.65	−6.98	0.58	−4.55
浙江	金华	永康市	84.55	5.94	13.92	0.00
浙江	衢州	江山市	19.47	−11.94	0.77	0.00
浙江	台州	玉环市	−21.69	1.67	−14.14	5.56

省 （直辖市）	地级 市	县级市 （区）	工业二氧 化硫排放量 下降率（%）	工业废水 排放量 下降率（%）	化肥施用 量下降率 （%）	PM₂.₅年均 浓度下降率 （%）
浙江	台州	温岭市	−20.24	2.84	0.77	0.00
浙江	台州	临海市	−29.76	−4.85	0.02	4.55
浙江	丽水	龙泉市	−10.52	−20.58	1.91	5.56
安徽	合肥	巢湖市	2.16	−4.05	5.03	2.12
安徽	阜阳	界首市	36.00	−14.95	1.12	4.08
安徽	滁州	天长市	46.67	4.65	0.40	6.06
安徽	滁州	明光市	−14.06	−31.54	0.05	0.00
安徽	芜湖	无为市	−632.34	37.66	0.12	−24.64
安徽	宣城	宁国市	−39.96	5.96	0.00	0.00
安徽	宣城	广德市	−88.49	−18.50	0.49	0.00
安徽	安庆	桐城市	1.92	−61.34	−0.23	−3.85
安徽	安庆	潜山市	−526.47	12.39	0.20	−3.33

附表 5　长三角中小城市生态效益指数各指标原始数据

省 （直辖市）	地级 市	县级市 （区）	建成区绿化 覆盖率 （%）	节能环保 支出占 GDP 比重（%）	燃气普 及率（%）	城镇生活 污水集中 处理率（%）
上海		闵行区	39.00	0.07	100.00	98.00
上海		宝山区	27.60	0.46	100.00	97.00
上海		嘉定区	26.60	0.21	100.00	98.00
上海		松江区	39.89	0.19	100.00	97.20
上海		金山区	38.59	0.56	100.00	97.80
上海		青浦区	44.40	0.32	100.00	96.30

续　表

省（直辖市）	地级市	县级市（区）	建成区绿化覆盖率（%）	节能环保支出占GDP比重（%）	燃气普及率（%）	城镇生活污水集中处理率（%）
上海		奉贤区	44.14	0.30	100.00	96.60
上海		崇明区	26.00	2.85	100.00	96.60
江苏	无锡	江阴市	43.88	0.12	100.00	98.65
江苏	无锡	宜兴市	43.45	0.36	100.00	98.00
江苏	徐州	新沂市	43.77	0.32	100.00	97.02
江苏	徐州	邳州市	43.09	0.15	100.00	96.05
江苏	常州	溧阳市	42.90	0.18	99.82	98.60
江苏	苏州	常熟市	44.83	0.24	100.00	97.40
江苏	苏州	张家港市	43.11	0.22	100.00	99.99
江苏	苏州	昆山市	44.97	0.21	100.00	97.20
江苏	苏州	太仓市	41.73	0.45	100.00	99.10
江苏	苏州	吴江区	42.08	0.61	100.00	96.00
江苏	南通	启东市	43.90	0.18	100.00	97.44
江苏	南通	如皋市	43.00	0.07	100.00	97.50
江苏	南通	海安市	44.40	0.12	100.00	88.00
江苏	盐城	东台市	42.19	0.08	100.00	94.30
江苏	扬州	仪征市	42.65	0.08	99.91	92.75
江苏	扬州	高邮市	43.00	0.14	100.00	93.00
江苏	镇江	丹阳市	41.80	0.19	100.00	95.23
江苏	镇江	扬中市	40.10	0.13	100.00	90.66
江苏	镇江	句容市	38.90	0.42	100.00	92.97

省（直辖市）	地级市	县级市（区）	建成区绿化覆盖率（%）	节能环保支出占GDP比重(%)	燃气普及率(%)	城镇生活污水集中处理率(%)
江苏	泰州	兴化市	41.45	0.09	100.00	96.00
江苏	泰州	靖江市	45.28	0.07	100.00	98.95
江苏	泰州	泰兴市	40.00	0.16	100.00	97.75
浙江	杭州	建德市	43.46	0.28	100.00	97.54
浙江	宁波	余姚市	44.59	0.14	100.00	98.50
浙江	宁波	慈溪市	44.86	0.05	100.00	97.99
浙江	温州	瑞安市	39.90	0.08	100.00	100.00
浙江	温州	乐清市	42.70	0.07	100.00	97.75
浙江	温州	龙港市	35.09	0.02	100.00	98.23
浙江	嘉兴	海宁市	43.02	0.14	100.00	98.49
浙江	嘉兴	平湖市	41.30	0.33	100.00	97.10
浙江	嘉兴	桐乡市	40.20	0.51	100.00	98.00
浙江	嘉兴	嘉善县	43.80	0.51	100.00	98.10
浙江	绍兴	诸暨市	43.00	0.04	100.00	96.00
浙江	绍兴	嵊州市	43.00	0.07	100.00	96.60
浙江	金华	兰溪市	41.40	0.10	100.00	98.42
浙江	金华	义乌市	41.90	0.08	100.00	97.80
浙江	金华	东阳市	43.90	0.26	100.00	97.54
浙江	金华	永康市	45.30	0.41	100.00	98.15
浙江	衢州	江山市	45.20	0.17	100.00	97.44
浙江	台州	玉环市	41.11	0.12	100.00	97.00

续 表

省 （直辖市）	地级 市	县级市 （区）	建成区绿化 覆盖率 （%）	节能环保 支出占GDP 比重（%）	燃气普 及率（%）	城镇生活 污水集中 处理率（%）
浙江	台州	温岭市	43.57	0.09	100.00	98.03
浙江	台州	临海市	39.95	2.25	100.00	93.05
浙江	丽水	龙泉市	42.27	0.80	100.00	98.90
安徽	合肥	巢湖市	46.30	0.20	99.20	97.80
安徽	阜阳	界首市	42.80	1.27	96.50	97.60
安徽	滁州	天长市	47.30	0.21	100.00	97.56
安徽	滁州	明光市	47.30	0.12	95.67	97.56
安徽	芜湖	无为市	45.50	0.16	99.10	95.00
安徽	宣城	宁国市	42.00	0.14	98.91	95.80
安徽	宣城	广德市	42.04	0.36	99.19	95.00
安徽	安庆	桐城市	40.10	0.13	97.88	95.89
安徽	安庆	潜山市	41.44	0.70	83.31	97.68